**Gebrauchsanweisung
für Leipzig**

Inhalt

Kleine Vorrede	7
Ankunft	10
Wir gehen in die Stadt	18
Leipziger Mentalitäten	38
Der Dialekt	49
Häuser im Wandel	58
Boomtown	67
Die Messestadt	81
Das Kaffeehaus	90
Was blieb von der Buchstadt?	101
Die Musikstadt	116
Das Denkmal	133
Wiege der Arbeiterbewegung	143
Von originell bis verrückt	150
Trainingsstrecke zur »Entschleunigung«	157
Das grüne Leipzig	161
Leipzig am Wasser	173
Abfahrt	180
Dank	184
Quellennachweis	185

Kleine Vorrede

Sachsen ist im Osten Deutschlands das beliebteste Reiseziel ausländischer Touristen. 2006 führte Leipzig die Statistik vor Dresden und Chemnitz an. Da hatte natürlich die Fußball-WM mitgeholfen. Bei inländischen Besuchern gibt es aber durchaus Reserven. Ich kann es mir zwar kaum vorstellen, doch hörte ich, es sollen ein paar Millionen Menschen jenseits der Elbe wohnen, die den Weg in die Messestadt bisher nicht gefunden haben.

Dabei ist er seit 1990 überall gut ausgeschildert.

Weil wir Leipziger selber gern reisen – die Sachsen führen in Ostdeutschland auch diese Statistik an! – und aller Orten die Welt »beschnarchen«, weil uns seit jeher eine gesunde Portion Neugier zu eigen ist, deshalb lieben wir es, Fremden zu zeigen, was es bei uns alles zu entdecken gibt.

Und darüber reden wir mit ihnen auch gern. Notfalls sogar ungefragt.

Sie brauchen sich in Leipzig nur an eine Hausecke zu stellen und etwas hilflos in alle Himmelsrichtungen zu schauen, dann wird schon jemand kommen und sich erkundigen, ob er helfen kann. Leipziger freuen sich über Neugierige aus aller Herren Länder, besonders aber über jeden Gast aus Westdeutschland. Hat sich der Reiz unserer Stadt doch gerade dort noch nicht überall herumgesprochen. Mancher verknüpft Ostdeutschland eher mit dem schönen Dresden. Klar, in der Landeshauptstadt gibt es tolle Bauten zu besichtigen, da stehen Sie staunend davor, aber in Leipzig stehen Sie staunend mittendrin!

Diesen Unterschied versteht... wer dann mittendrin ist.

Zwar haben wir kein prächtiges Gesamtpanorama. Es fehlt der breite Fluss wie in Köln, wie in Paris. Verglichen mit dem Rhein oder der Seine kann die Pleiße nun mal nicht bestehen. Trotzdem ist uns Leipzigern so etwas wie Savoir-vivre – französische Lebensart – nicht fremd. »L' appetit vient en mangeant«, schrieb ein weltgewandter Journalist 1908: Der Appetit kommt beim Essen. So antwortete er in der Zeitschrift »Der Leipziger« auf die Frage: »Ist Leipzig schön?«

Die Aussage hat Bestand, stimmt auch nach hundert Jahren!

Mir ging übrigens beim Lesen der französischen Redewendung durch den Kopf, dass ein Satz wie dieser sechs Jahre später wohl kaum noch gedruckt worden wäre. Nach Beginn des Ersten Weltkriegs wurde möglichst alles Französische aus dem Sprachgebrauch der Deutschen eliminiert, da rissen national gesinnte Studenten am Leipziger Augustusplatz sogar das Schild »Café français« von der Wand. Das Lokal hieß fortan nach seinem Besitzer Felsche. Und nach dem Zweiten Weltkrieg – da gab es das ganze Haus nicht mehr...

Zurück zu diesem Buch: Um wissensdurstigen Reisenden aus Ost und West, Nord und Süd ein Gefühl zu vermitteln, was sie in unserer Stadt erwartet, um ihnen ein atmosphärisches Bild zu malen, Lust auf Leipzig zu machen und um den Kenner vielleicht auf Unbekanntes zu verweisen – deshalb wurde diese Gebrauchsanweisung geschrieben.

»Anweisung« klingt zwar etwas streng, im wirklichen Leben dienen Gebrauchsanweisungen außerdem eher der Verwirrung als der Klärung. So schaffen es zum Beispiel nur 20 Prozent der Deutschen, einen Videorekorder zu programmieren, nachdem sie die Hinweise des Herstellers gelesen haben.

Meine »Gebrauchsanweisung für Leipzig« hingegen sollen mindestens 100 Prozent verstehen.

Wenn nicht noch mehr!

Eine unglaubliche Herausforderung für den Autor.

Ob ich das geschafft habe, werden Sie beim Lesen des Kapitels »Abfahrt« wissen.

Einige mögen nach der Lektüre denken: Na ja, aber über dies und das hätte er ja auch noch schreiben müssen!

Da kann ich nur sagen: Die Leute, die das behaupten, die haben recht!

Ankunft

Ortsfremde möchte ich mit dem Spruch eines bedeutenden Menschen an meine Heimatstadt heranführen. Nein, er stammt nicht aus dem kompletten Zitatenschatz des mit Leipzig verbundenen Johann Wolfgang von Goethe, sondern ist eine Sentenz vom ebenfalls genialen Gotthold Ephraim Lessing: »Ich komme nach Leipzig, an einen Ort, wo man die ganze Welt im Kleinen sehen kann.«

Wer hätte das erwartet? Lessing spielt natürlich auf unsere Messen an. Die haben die Bewohner der Stadt über Jahrhunderte geprägt, denn sie sahen dadurch immer mehr von der Welt als der Rest Sachsens. Leipziger sind weltoffen, der Kontakt mit Menschen aus anderen Erdteilen, der Austausch mit ihnen verhinderte den Absturz ins Provinzlertum.

Und sie hatten seit jeher Visionen. Wer zum ersten Mal in den Leipziger Hauptbahnhof einrollt, wird das bestätigen. Da haben die Altvordern den folgenden Generationen etwas ganz Besonderes hinterlassen. Es ist flächenmäßig der größte Kopfbahnhof Europas. Seit fast hundert Jahren fahren die Züge hier ein und aus. Reisende aus aller Herren Länder erreichen auf diesem Wege die Stadt. Und was die Eisenbahner an turbulenten Messetagen vollbringen, grenzt schon an Zauberei.

Der Reisende öffnet die Tür und hört: »Meine Damen und Herren...« Solche Begrüßungen gab es zu DDR-Zeiten hier nicht. Da stiegen keine Damen und Herren aus den Zügen, da hieß es: »Werte Reisende« oder – wenn die Verspätung gar zu groß war – höchstens mal »Sehr verehrte Reisende...«

Die nächsten Anschlüsse werden durchgesagt. Nach Zwickau, Dresden, Halle, Erfurt. Wir befinden uns in Mitteldeutschland.

Eine ältere Dame quält sich aus dem Waggon, eine junge Frau umarmt selig ihren Freund. Mühelos ziehen die Reisenden ihre Koffer über den Bahnsteig. Wie lange hat die Menschheit auf diese praktische Erfindung warten müssen!

Im Vorbeigehen fallen mir Werbetexte auf: »Du hast viele Seiten. Welche lebst du heute?« – Heute führe ich Sie über den Hauptbahnhof und durch die Stadt, freue mich mit Ihnen auf Leipzig.

Mein Blick schweift nach oben, und ich bewundere die imponierende Leichtigkeit der Eisenkonstruktionen in den Längsbahnsteighallen. Am Übergang zum Querbahnsteig blitzt eine Glasverkleidung, die eine Begrenzung dieses Raumes schafft. Auf den Scheiben werben die beiden übereinandergestapelten M mit dem Spruch: Messen nach Maß.

Auf dem benachbarten Bahnsteig erkenne ich an gleicher Stelle »Leipziger Volkszeitung«. Das Blatt warb eine Zeit lang mit dem Slogan »Die liest man hier.« Der Spruch war aber letztlich recht simpel, da es – außer einem Boulevardblatt – keine zweite Tageszeitung in der Stadt gibt. Manche Leute meinten deshalb, es müsse eher heißen: »Die muss man hier lesen.«

Einen Bahnsteig weiter wird »Freiberger Premium. Sächsisch. Köstlich« angepriesen. Auch wenn die Leipziger Prinzen auf Plakaten für diesen Gerstensaft werben, hält sich meine Begeisterung für die Marke in Grenzen. Wer ein gutes

Bier schätzt, dem rate ich zu Radeberger oder Wernesgrüner, und wer den regionalen Gerstensaft probieren möchte, der lasse sich ein Reudnitzer oder Ur-Krostitzer kommen.

Ist das Ende des Bahnsteigs erreicht, blickt der Reisende in die riesige Querbahnsteighalle. Die Sonne scheint durch die Oberlichter des kolossalen Baus; Millionen Stäubchen wirbeln durch den Raum.

Zur Einweihung 1915 war unser Hauptbahnhof einer der größten der Welt. Die Dresdner Professoren William Lossow und Max Hans Kühne konnten sich mit ihrem Entwurf »Licht und Luft« gegen 76 beteiligte Architekten durchsetzen.

Die beiden haben diese Kathedrale des Verkehrs entworfen, ohne Neid zu empfinden, dass die Landeshauptstadt nicht über so einen prächtigen Verkehrsbau verfügte. Sie haben bei ihren Planungen schon weit in die Zukunft gedacht. Desgleichen ist heute nicht mehr so in Mode.

Im Zweiten Weltkrieg wurde der Bahnhof schwer zerstört. Sehe ich Fotos aus jener Zeit, dann bewundere ich immer wieder den Mut und den Willen der Menschen, im Angesicht der Ruinen nicht zu resignieren. Allein aus diesem Trümmerfeld mussten die Leipziger 34 000 Tonnen Schutt wegräumen, um den prunkvollen Bau wiedererstehen zu lassen.

Als ich zum Studium nach Leipzig kam und zum ersten Mal hier aus dem Zug stieg, fragte ich mich, wieso Leipzig nur so einen riesigen Bahnhof hat? Es ist der Weitsicht der Architekten und der damaligen Eisenbahn-Experten zu danken, die es verstanden hatten, die Bauherren von ihren Entwürfen zu überzeugen. Das Projekt war für die ständig wachsende Besucherzahl zu den Messen hervorragend konzipiert. Schon beim Anblick des Bahnhofs wird jedem Ankommenden klar, dass diese Stadt eine große Vergangenheit haben muss.

Ein Chronist aus dem Mittelalter nannte »München die schönste, Leipzig die reichste Fürstenstadt«. Vor allem um 1900 war meine Heimatstadt eine vermögende Metropole.

Erbaut wurde der Hauptbahnhof von 1902 bis 1915 auf dem

Gelände von drei früheren Bahnhöfen. In Betrieb ging er schon 1913. Der Personenzug Corbetha – Leipzig kam damals pünktlich 5.26 Uhr an. Na ja, es ist eben schon lange her …

Die Bahnsteige 1 bis 13 waren unter preußischer, die Bahnsteige 14 bis 26 und die 5 Außenbahnsteige unter sächsischer Verwaltung. Man erzählt, dass sich die Dienstvorsteher genau in der Mitte des Querbahnsteigs trafen und nach einer zackigen Begrüßung, wie es sich für königlich-kaiserliche Beamte geziemt, entsprechende Informationen austauschten.

Es gab zwei Wartesäle, einen in der preußischen, einen in der sächsischen Hälfte. Über 1000 Fahrgäste fanden dort jeweils Platz. Im ehemaligen Preußischen Wartesaal hat sich jetzt die Bahnhofsbuchhandlung niedergelassen. Dagegen ist nichts zu sagen, Büchern kann man gar nicht genug Platz einräumen.

Im ehemaligen Sächsischen Wartesaal wummern einem markige Bässe entgegen. Ohne diese Rhythmen, glauben vermutlich die Manager einschlägiger Textilgeschäfte, wäre kein Kleidungsstück mehr unter das junge Volk zu bringen. Es scheint heute unvorstellbar, dass sich Jugendliche noch vor wenigen Jahren Jeans auch ohne Beschallung kauften.

Die Firma Mango nutzt den Saal. Wer von den älteren Besuchern trotzdem den Mut hat einzutreten, der sollte unbedingt nach oben sehen, um den imposanten Lichthof mit farbigen Bleiglasscheiben und die Messingkronleuchter zu bewundern. Ansonsten kann man die Bässe wummern und die Wühltische links liegen lassen.

Apropos Bekleidung: In der unteren Etage bietet man Evening, Casual und Sportswear an. Zwei Drittel der Deutschen, so las ich in einer Untersuchung, sollen kein Englisch verstehen. Die finden also nicht dank solcher Hinweise, sondern nur immer wieder durch Suchen, was sie suchen.

Auf dem Querbahnsteig steht in der Nähe der DB-Lounge, ältere Menschen nennen das Wartesaal, die Büste des 1846 gestorbenen Friedrich List. Ihm ist entscheidend zu verdanken, dass die erste deutsche Ferneisenbahn 1840 von Leipzig nach Dresden fuhr! Allen Befürchtungen zum Trotz – denn damals erklärte ein bayrisches Medizinal-Kollegium, dass der Bau von Eisenbahnen ein Verbrechen an der Volksgesundheit sei; das Tempo führe bei den Fahrgästen zu Gehirnerschütterung und bei den Zuschauern zu Schwindelanfällen. Letztere überfallen die Bahnkunden heutzutage angesichts der Preise für eine Fahrkarte, und so packen sie denn die Familie doch wieder ins Auto und reihen sich in die Staugesellschaft ein.

Der Nationalökonom Friedrich List ist übrigens nicht nur der Initiator dieser Eisenbahn, sondern gilt als Vordenker der europäischen Einheit. Menschen wie er prägten unsere Stadt. Und nach der großen Vergangenheit Leipzigs, die gern da und dort beschworen wird, mühen sich nun die Bewohner in der Gegenwart, um in der Zukunft wieder daran anschließen zu können. Ab und an ist das schon gelungen, aber es ist eben schwer, nach zwölf Jahren Nazi-Regime, vierzig Jahren DDR und schließlich dem Beitritt im Jahre 1990 den Anschluss wieder zu bekommen...

Die Halle des imposanten Querbahnsteigs hat nach der Wende einen großen Teil ihres Grundes an eine geschäftstüchtige Idee verloren. Wer über das Geländer nach unten schaut, erblickt ein Eldorado für Kaufwillige – die Bahnhofspromenaden. Die laden seit 1997 zum Promenieren ein. An einem Tag nehmen etwa 100 000 Menschen diese Einladung an. In drei Etagen kann der Kunde an rund 140 Kassen treten.

Bahnhof allein rechnete sich nicht mehr. Es musste etwas passieren. Umnutzung hieß das Zauberwort! Deshalb nennt der Volksmund den Hauptbahnhof »Einkaufszentrum mit Gleisanschluss«. Inzwischen gibt es dort, scheint mir, mehr Käufer und Flaneure als Reisende. In den Promenaden ist alles zu finden, was das Herz begehrt, wenn man es begehrt. Natürlich in erster Linie Klamotten, Klamotten, Klamotten. Aber auch erzgebirgische Pyramiden oder Obst, Uhren oder Computerspiele, Trüffel oder Wein.

Und wem der Magen knurrt...es ist alles im Angebot,

wonach ein Gaumen lechzen kann! Von der Frühlingsrolle bis zu Nordseekrabben, von der schlichten Laugenbrezel bis zur Paganini-Pizza. Die kulinarische Welt ist in diesen Etagen zu Gast.

Auf den Mittelgängen zwischen den Läden finden immer wieder Verkaufsveranstaltungen statt, die natürlich »Events« heißen. Als ich dort entlangbummelte, machte man gerade Nägel mit Köpfen, also nicht direkt Köpfe, sondern »Nails American Style«. Zu besichtigen waren jene, kleinen Kindern mitunter Angst einflößenden Krallen, die mindestens einen Zentimeter über die Fingerkuppe hinausragen. Junge Chinesinnen warben auf einer Tafel: »Haben Sie schon einmal künstliche Nägel gemacht?«

Ich musste mir eingestehen, dass ich gar nicht wusste, wie ich das anstellen sollte.

Ein Stück weiter waren Stellwände arrangiert – darauf die World-Press-Photo-Ausstellung. Das Gesicht einer Afrikanerin ist mir in Erinnerung geblieben. In das Bild ragte von unten, ihren Mund bedeckend, die abgemagerte Hand eines Kindes. Eine Frau im Lokal gegenüber schob gerade einen Teller mit reichlich Essensresten von sich. Auch hier gilt: »Ich komme nach Leipzig, an einen Ort, wo man die ganze Welt im Kleinen sehen kann.«

Der Trubel in den Bahnhofspromenaden ist immens. Es wird erzählt, dass einige Tagestouristen gar nicht mehr dazu gekommen sind, sich das Stadtzentrum anzusehen, weil sie sich von den Geschäften und Lokalitäten des Hauptbahnhofs gefangen nehmen ließen.

Was diese Leute alles verpasst haben!

Wer den Querbahnsteig verlässt, gelangt über breite Treppen in die Ost- oder in die Westhalle. Die beiden Eingangshallen sind 26 Meter hoch. Imposant ist ihre plastisch-monumentale Architektur. Die Dopplung ergibt sich wiederum aus der früheren sächsischen und preußischen Verwaltung. Obwohl uns die Preußen in der Geschichte nicht nur eitel Sonnenschein bereiteten, klappte die Koexistenz im Bahnhof ohne Probleme, auch wenn die Nordländer weniger vom Fortschrittsglauben beseelt waren als ihre Kollegen.

Zur Freude der Leipziger kam eine Firma, die schon vor dem Krieg im Hauptbahnhof ansässig war, gleich 1990 aus Frankfurt am Main in die Messestadt zurück: Blumen-Hanisch. Zu DDR-Zeiten hatten sich Liebespaare, sonstige Paare, Schulklassen und Freunde über die Jahre weiterhin bei »Blumen-Hanisch« getroffen, obwohl im Geschäft längst die HO residierte und es mehr »Laden« als »Blumen« gab.

Heute verabreden sich Reisende oder Liebespaare wieder dort, warten zwischen prächtigen Rosen, Lilien oder Hortensien und beobachten das lebendige Treiben in der Halle, bis sie abgeholt werden. Und manch eine darf sich sogar noch einen Strauß aus der Fülle des Angebots aussuchen.

Bei meinem Bummel durch die Osthalle bot ein »Snack'n coffee« gerade Kaffee-shot an. Ich fragte die Frau hinter der Ladentafel, was »shot« wäre. Sie zeigte auf verschiedene Flaschen. »Da kommt was in den Kaffee rein.«

»Aha, und was heißt shot?«

»Ich denke so was wie Schuss!«

»Und warum schreiben Sie nicht: Kaffee mit Schuss?«

»Also, ich hab's Ihn' erklärt...mehr kann ich dazu nich sagen.«

Die Fahrkartenschalter gegenüber sind acht Jahre nach dem Umbau schon wieder geschlossen. »Personalkosten«, flüsterte eine der verbliebenen Damen, die in der Westhalle weiterhin Bahnkunden bedient, »darum wurde das Reisezentrum in der Osthalle zugemacht.«

Na ja, Herr Mehdorn muss sich ja keine Fahrkarten kaufen, und er hat garantiert auch noch nie gesehen, wie das Gelände vor den wenigen verbliebenen Schaltern (im Bahndeutsch heißen sie allerdings Counter) schon zur Wartehalle mutiert. So gesehen beginnt bereits hier sein geplanter Weg an die Börse...

Unlängst habe ich versucht, dem Automaten vor dem Reisezentrum eine Fahrkarte zu entlocken. Ich hatte schon beobachtet, dass dort zumeist nur junge Leute standen. Als die Reihe an mir war, tippte ich – wie befohlen – auf die Glasfläche und kam auch bis »In dieser Maske stehen Ihnen 3 Schaltflächen zur Auswahl.« Da ich aber keine »Maske« sah – außer meinem angestrengten Gesicht – habe ich kapituliert und mich klaglos wieder in eine der Schlangen eingereiht. Als ich nach geraumer Weile mit meinen Fahrkarten das Bahnhofsgebäude verließ, bemerkte ich eine Reisegruppe, die den Erläuterungen ihres Cicerone lauschte: »...ist schon ein imposanter Bau – 298 Meter Straßenfront! Und während der Berliner Hauptbahnhof, der immerhin eine schlappe Milliarde Euro gekostet hat, bei Windstärke 8 bereits schließen muss, können Sie diesen Bahnhof, den uns die Altvordern hinterlassen haben, garantiert auch noch bei Orkan betreten.« Dann zeigte der Mann auf die großen Türen. »Über den Eingängen links und rechts sehen Sie jeweils zwei Löwen aus dunkelgrauem Sandstein, die entsprechend die Wappen von Sachsen und Preußen in ihren Pfoten halten. Bei genauem Hinsehen fällt auf, dass sich die vier Königskronen über den Wappen ganz hell von der Umgebung abheben. Der Grund dafür ist ideologischer Art: Mit Königen hatte die DDR bekanntlich nichts am Hute, und so verschwanden diese monarchistischen Details bei der Rekonstruktion. Erst jetzt – in der neu vereinigten Republik – grüßen die königlichen Kronen wieder den Reisenden.«

Willkommen in Leipzig!

Wir gehen in die Stadt

Wer die Größe und den Glanz unseres Hauptbahnhofs ausreichend bewundert hat, der ahnt, dass diese Stadt noch einige Überraschungen parat hat. Und da kann ich nur sagen: Die Ahnung trügt nicht.

Wenn ein Leipziger in die Stadt geht, dann meint er, dass er das Zentrum innerhalb des Rings aufsuchen will. Jenen Teil Leipzigs, der seinerzeit von einer Stadtmauer umgeben war. Als die fiel, und Leipzig zählt zu den ersten deutschen Städten, die den festungsähnlichen Charakter aufgaben, wurde das frei werdende Terrain zum Glück nicht gleich wild bebaut, sondern vernünftige Bürgermeister ließen durchaus unter materiellen Verlusten – viel Raum für Begrünung. Dieser Gemeinsinn kommt uns heute noch sehr zugute. Es entstand eine Promenade, die an einigen Stellen von parkähnlichen Anlagen flankiert wird. Auf dem Promenadenring schließlich promenierten im Jahre 1989 Tausende – doch zu diesem Thema mehr an anderer Stelle.

Die Leipziger fühlen sich innerhalb dieses Rings zu Hause. Das hat vielleicht auch damit zu tun, dass Fachleute behaupten, Menschen würden sich innerhalb eines Kreises seit Urzeiten beschützt fühlen, ahnten instinktiv, dass ein Ring Geborgenheit suggeriert.

Ein Kreis steht für das Einschließende. Wir fühlen uns im Freundeskreis wohl. Der Kreis hat auch für moderne Menschen eine gewisse magische Wirkung. Das reicht vom Ehering über den Sternenkranz der Europaflagge bis zu jenen runden Tischen, die in der Umbruchszeit der DDR eine große Bedeutung bekamen. Die Menschen hoffen, dass im Kreis eine neue Harmonie entsteht. Im P.M.-Magazin las ich: »Wer sich bei magischen Riten innerhalb eines gezogenen Kreises befindet, dem können böse Mächte nichts anhaben.«

Im Leipziger Zentrum droht also keinem Ungemach.

Die wichtigste Gebrauchsanweisung für die Innenstadt: Wer innerhalb des Rings bleibt, ihn nicht überquert, kann sich auch nicht verlaufen, weil er nach einiger Zeit garantiert an eine Stelle gelangt, an der er schon war. Außerdem ist Orientierung dank der Türme der beiden Stadtkirchen und des ehemaligen Universitätshochhauses möglich. Letzteres ist das einzige Gebäude, das ungebührlich hoch hinausragt und deshalb nicht ins Zentrum passt. Eine eigenwillige Form hat dieser Turm von seinen Schöpfern erhalten, er soll ein aufgeschlagenes Buch symbolisieren. Das schwungvolle Dach, das der Abfahrt einer Sprungschanze ähnelt, sollte die dynamische Aufwärtsentwicklung des Sozialismus dokumentieren. Die Kollegen vom Kabarett »Pfeffermühle« nannten es in einem Programm »Kaderabschussrampe«. Die Oberen schienen tatsächlich zu hoffen, dass uns imponiert, was »der Sozialismus« für prächtig hohe Häuser schaffen kann.

Also, ganz ehrlich – bei diesem Hochhaus, das heute teilweise vom Mitteldeutschen Rundfunk genutzt wird, lohnt sich der Blick nach oben nicht, aber sonst lohnt es sich im Zentrum generell, bei alten Gebäuden nach oben zu schauen. In der Erdgeschosszone entdeckt man – bis auf einige schöne Ausnahmen – sowieso nur jene Läden, die in allen deutschen Innenstädten zu finden sind.

Aber die alten Fassaden! Leipzig ist in Deutschland vermutlich die Hauptstadt der Gründerzeit-Bauten.

Die Bauherren hatten damals eine Art Ehre im Leib. Sie wollten sich einerseits mit dem Bau ein Denkmal setzen und andererseits zum Ruhme der Messestadt beitragen. Deshalb zieren viele interessante Details wie Skulpturen, Reliefs, Kacheln und Ornamente die Häuserfronten.

Welcher Investor aus München oder Göttingen gibt heute noch Geld für Kunst am Bau aus? Diese Platzhirsche hatten nach der Wende nur eins im Sinn: Sie wollten im Asphaltdschungel einen bestimmten Platz besetzen. Das Schönste am Objekt war nicht die Fassade, sondern die Abschreibung. Aber das bloß nebenbei.

Ein Vorteil unserer Stadt: Sie ist sehr übersichtlich angelegt. Und die Struktur der Straßen, Plätze und Gassen blieb nahezu komplett erhalten. Sogar deren Namen. Es gab nur eine Umbenennung: Aus dem Augustusplatz wurde der Karl-Marx-Platz. Die alten Leipziger sagten natürlich weiterhin Augustusplatz, und wenn sie alt genug geworden sind, dann lagen sie ab 1990 wieder absolut richtig.

Weil ich gerade den Augustusplatz erwähne...Er ist mit seinen 40 000 Quadratmetern der größte Platz in Sachsen und zählte vor dem Krieg zu den schönsten Plätzen in Europa. Das ist leider Geschichte, denn viele Bauten wurden zerstört. Den Bombenhagel überstanden hat zum Glück das erste Hochhaus Leipzigs, das sich heutzutage längst nicht mehr so gigantisch ausnimmt wie zu seiner Einweihung im Jahr 1928: das Kroch-Haus mit den beiden Glockenmännern, die hörbar anzeigen, wie spät es ist. Es wurde in Anlehnung an den Campanile von San Marco in Venedig gestaltet. Deshalb auch die Löwenreliefs an der Fassade.

Die zwei metallenen Männer auf dem Dach hat Robert Zimmermann gleich nach der Einweihung bedichtet:

»...Nie verseimse ihre Schdunde,
Ärrdum gibd's nich in ihr'm Läm'n,
Immer wissense, was se sollen,
Niemals hauense d'rnäm'n.

Wenn m'r doch wie die zwee beeden
Ooch so sicher schdänd im Läm'n!
Awer mir hier unden hauen
Immer widder mal d'rnäm'n.«

Gebaut wurde an diesem Platz auch in der DDR: der erste Theaterneubau der sozialistischen Republik – die Oper, dann die Hauptpost (das ist jenes Haus mit den Werbeschriften »Technik fürs Leben – BOSCH« und »KIA MOTORS« auf dem Dach). In den sechziger Jahren kam das Hotel »Deutschland« dazu. Wenig später hatte die Führung des Landes etwas gegen diesen Namen, da man »deutsch« nur noch in Verbindung mit der Deutschen Demokratischen Republik liebte, und so wurde die Herberge in Interhotel am Ring umbenannt. Nach der friedlichen Revolution hieß das Haus wieder Hotel »Deutschland«, dann »Mercure« und wurde dadurch mit dem Hotel Merkur in der Gerberstraße verwechselt, aber inzwischen heißen beide längst wieder anders...

Schließlich steht dort am Augustusplatz das Neue Gewandhaus, bei dem sich viele Besucher gar nicht vorstellen können, dass es schon 1981 seine Türen öffnete.

Der Platz selbst wurde nach 1990 zur Spielwiese ehrgeiziger Gestalter aus den alten Bundesländern. Für die Weißglas-Zylinder – Ausgänge der Tiefgarage – hatte der Volksmund schnell den Spitznamen »Milchtöpfe« parat. Ein Querbau säumte den Platz: Das Lokal heißt »Augustus«, wird aber oft »Mauercafé« genannt, und in der Verlängerung gibt es den »Shop am Augustusplatz«. Diese Barriere stört den Blick auf den dahinter entstehenden neuen Universitätsbau. Parallel zur Goethestraße wurde eine metallene Pergola mit Wellblechdach errichtet, die mich an einen Busbahnhof in der DDR erinnert, und vor der Oper ein rundes Wasserbecken geschaffen. Als Kabarettist fällt mir dazu nur ein, dass sich dort nie wieder so viele Menschen versammeln können wie im Herbst 1989.

Ist aber keine Absicht, oder?

Der Platz ist jedenfalls verhunzt. Und so schnell können die Linden, die dort gepflanzt wurden, gar nicht wachsen, um den Anblick zu mildern. Der 1886 errichtete Mendebrunnen mit seinen Figuren wirkt im Zusammenspiel mit all dem anderen Zierrat nun wie ein Fremdkörper.

Als ich im Sommer 2007 über den Augustusplatz ging, kreischten die Abrissbagger, und der heftige Wind trieb große Staubwolken durch die Luft. Stück für Stück brach das Gerät aus dem 1971 eingeweihten Hauptgebäude der Karl-Marx-Universität. Das über dem Eingang befestigte Marxrelief war längst geborgen und eingelagert worden, die Alma Mater nennt sich inzwischen wieder schlicht Universität Leipzig. Im Tourist-Stadtführer von 1977 steht, dass dieses 14 Meter breite und 7 Meter hohe Bronzerelief des Künstlerkollektivs Schwabe / Ruddigkeit / Kuhrt den »Leninismus – Marxismus unserer Epoche« versinnbildlicht. Die Künstler selbst nannten ihre Arbeit »Aufbruch«.

Dem Aufbruch war allerdings erst einmal ein Abbruch vorangegangen. 1968 wurde in einem barbarischen Akt die rund 550 Jahre alte Universitätskirche gesprengt. Sie hatte die Bombenangriffe unbeschadet überstanden und sollte nun aus ideologischen Gründen beseitigt werden. Wozu brauchte man in der neuen Zeit ausgerechnet an einem Karl-Marx-Platz eine Kirche?

Auch damals zogen Staubwolken über den Platz.

Mit der spätgotischen Kirche, die Luther zum protestantischen Gotteshaus geweiht hatte, wurde der nördliche Kreuzgang des alten Paulinerklosters zerstört samt der Grüfte, in denen Persönlichkeiten der Universität und der Stadt ihre letzte Ruhe gefunden hatten. Diese Sprengung sollte letztlich ein Zeichen für all jene setzen, die hofften, der Prager Frühling, dieser wirkliche Aufbruch, würde seine Auswirkungen auf das starre System der DDR nicht verfehlen. Dem stellten Ulbricht und Genossen einen Leipziger Winter entgegen. Eiszeit herrschte in den Jahren darauf nicht nur am Karl-Marx-Platz.

An der Universität Leipzig, einer der ältesten Bildungsstätten Europas, studieren mittlerweile rund 30 000 Studenten. Ohne sie würde unsere Stadt nicht so jugendlich wirken. Und diese Studenten besitzen den wohl größten und schönsten Studentenklub unseres Kontinents. Und den ältesten! Die Moritzbastei. Das Gemäuer ist der einzige erhaltene Teil der Stadtbefestigung und entstand Mitte des 16. Jahrhunderts. Kurfürst Moritz von Sachsen befahl den Bau nach den Zerstörungen im Schmalkaldischen Krieg. Die bis zu 8 Meter hohen Gewölbe der Moritzbastei wurden nach dem Zweiten Weltkrieg mit 45 000 Kubikmetern Trümmerschutt verfüllt. Darüber wuchs in Jahrzehnten nicht nur Gras, sondern es wurzelten auch jede Menge Bäume. Ein kleines Wäldchen grünte auf der mittelalterlichen Bastei. Genauso viele Studenten, wie heute an der Universität eingeschrieben sind, trugen über die Jahre die Erdschicht ab und karrten den Trümmerschutt von 1974 an aus den Kellern dieses Gewölbelabyrinths. Ich schippte dort als Mitglied des zur Universität gehörenden Kabaretts und bin damit in bester Gesellschaft: Angela Merkel leistete ebenfalls an diesem Ort Aufbauarbeit. Und jeder weiß: Wo Angela buddelt, da wird was draus!

Sie ist übrigens nicht nur die erste Bundeskanzlerin an sich, sondern auch die erste, die Mitglied der FDJ war!

Das Jugend- und Studentenzentrum Moritzbastei wurde 1982 eingeweiht. Pro Jahr steigen etwa 300 000 Besucher zu Veranstaltungen oder zum Besuch der Gaststätten in die stimmungsvollen Räume hinab. Und längst nicht nur Studenten.

Vor gut hundert Jahren rangierte die Alma Mater Lipsiensis

in ihrer Bedeutung vor Berlin und München. Viele weltbekannte Wissenschaftler wirkten über die Zeiten in Leipzig, und ihr Ruhm strahlt noch heute. Das reicht vom Universalgenie Leibniz bis zum Atomphysiker Heisenberg, vom Chemiker Ostwald bis zum Philosophen Gadamer, vom Physiker Hertz bis zum Germanisten Frings. Mit Ostwald und Hertz waren zwei Nobelpreisträger in Forschung und Lehre tätig. Erinnert sei an dieser Stelle auch an den einzigen in Leipzig geborenen Nobelpreisträger: den von der Queen geadelten Sir Bernard Katz. Nach seiner Promotion floh er 1935 vor den Nazis nach England.

Die Universität litt im 20. Jahrhundert unter zwei Diktaturen. Kenner sagen, sie sei schnell braun und schnell rot gewesen. Und nach 1990 – schnell schwarz?

2009 wird sie nun 600 Jahre alt, und der Neubau soll in jenem Jahr eingeweiht werden. Um die darin integrierte neue Universitätskirche rankten sich Dauerquerelen zwischen Universität, Staatsregierung und Paulinerverein.

Die Universität sprach plötzlich nur noch von einem Paulinum. Der von dem Rotterdamer Architekturbüro Van Egeraat entworfene Bau soll als Aula *und* Kirche genutzt werden. Eine Glaswand wird die beiden Räume trennen, so will es die Universität. Ich hoffe nur, dass es wirklich ein würdiges Erinnern an das gesprengte Gotteshaus gibt und dass alle geretteten Kunstschätze dort wieder ihren Platz finden.

Bleibt zu hoffen, dass unsere Uni in der Zukunft an den Glanz vergangener Zeiten anknüpfen kann, dass Tausende Studenten das weiterhin quirlige Leben der Stadt prägen und das neue Hauptgebäude tatsächlich 2009 übergeben wird (was nicht nur ich anzweifle...).

Von der Universität führt der Weg in die Innenstadt. Es ist schnell zu merken, dass Leipzig ausgesprochen fußgängerfreundlich ist. Innerhalb des Rings kann man jedes Ziel in jeder Richtung in zehn Minuten erreichen. Es sei denn, man läuft extrem langsam. Dagegen ist nichts einzuwenden, denn in Leipzig wird mancher zum Flaneur. Der erlebt in der Hetze unserer Zeit hier täglich seine Auferstehung. Es gibt viel zu sehen, und das verlangsamt automatisch den Schritt.

Ich habe natürlich einige Lieblingsorte, Stellen, an denen ich mich im Zentrum unserer Stadt besonders wohlfühle und die, so finde ich, eine ganz eigene Atmosphäre verströmen. Vom Augustusplatz kommend, liegt es nahe, die Grimmaische Straße zu verlassen und rechts in die Ritterstraße einzubiegen, um der Nikolaikirche, der ältesten Stadtkirche, einen Besuch abzustatten. Sie wurde dem heiligen Nikolaus, dem Schutzpatron der Kaufleute geweiht. Davon gab es in Leipzig reichlich, und zu den Messen kamen noch viele auswärtige dazu.

In der Kirche fällt als Erstes die ungewöhnliche Helligkeit auf. So viel Weiß strahlt selten in einem Gotteshaus, das Ende des 18. Jahrhunderts von einer gotischen Hallenkirche zu einem klassizistischen Raum umgestaltet wurde. Die Säulen münden in die Wipfel von Palmen. Zartes Grün ist zu sehen, aber auch Rosé.

Die Nikolaikirche ist ein strahlender Ort mit einem fröhlichen und wachen Geist. In den letzten Jahren der DDR spielten die hier stattfindenden Friedensgebete eine große Rolle. Und wer die Zeit miterlebt hat, dem drängen sich immer wieder die Bilder jener Tage auf... In den Jahren 1988 / 89 strebten verstärkt Ausreisewillige in die Nikolaikirche, die sich durch diese Form des Protestes erhofften, das Land schneller verlassen zu können. Auf dem Nikolaikirchhof riefen sie nach den Friedensgebeten: »Wir wollen raus!« Jene Leute hatten die Hoffnung verloren, dass sich in diesem Land noch jemals irgendetwas zum Guten ändern würde. Zumal sich dessen verknöcherte Führung selbst gegen die Reformbestrebungen in der Sowjetunion wandte. Die jahrzehntelang bis zum Überdruss zitierte Losung der SED: »Von der Sowjetunion lernen heißt, siegen lernen!«, die galt nun plötzlich nicht mehr. Über vierzig Jahre hatten die Funktionäre der

Partei alles aus der UdSSR nachgebetet, und nun waren die Genossen in Moskau plötzlich keine Heiligen mehr?!

Eines Tages, so erzählt man, hätten dort junge Leute plötzlich den Demonstranten, die ihre Ausreise in die Bundesrepublik erzwingen wollten, eine Gegenlosung zugerufen: »Wir bleiben hier!« Das sollte heißen: Wir wollen nicht in den Westen, wir wollen, dass sich unser Leben hier ändert, wir haben diese Hoffnung noch nicht aufgegeben.

Und dann erscholl im Oktober 1989 massenhaft: »Wir sind das Volk!«. Aber die Mächtigen des Landes zogen aus der Botschaft keine Lehre, sie begriffen den Qualitätssprung und ihre eigene These nicht, dass die Idee zur materiellen Gewalt wird, wenn sie die Massen erreicht. Macht bedeutete für sie, nichts mehr lernen zu müssen.

Bald hörte man überall auf der Straße von den sächsischen Demonstranten in klarem Hochdeutsch die wichtigste Losung: »Keine Gewalt!« Der Nikolaikirchen-Pfarrer Christian Führer bezeichnete sie als die treffendste Kurzfassung der Bergpredigt. Und das geschah alles in einem weitgehend atheistischen Land.

Wen interessiert, wie ich den 9. Oktober 1989 erlebt habe und wie sechs Leipziger jenen Aufruf verfassten, den Kurt Masur verlas, der kann das in dem Aufbau-Taschenbuch »Dämmerschoppen« nachschlagen. Nur so viel noch: Medien machten anschließend, weil es eine schicke Schlagzeile war, den Gewandhauskapellmeister Masur zum »Dirigenten der Revolution«. In jenem Oktober gab es aber weit mehr »Musiker« – nämlich ein ganzes Volk. Der Konzertsaal hieß »Nikolaikirche«, und auf der Partitur stand »Demokratie – jetzt oder nie!«.

Am 9. Oktober erklangen dort zum Gottesdienst »Sonne der Gerechtigkeit« und »O komm du Geist der Wahrheit«. Wer hätte gedacht, dass diese alten protestantischen Kirchenlieder, die schon unsere Großväter gesungen haben, einmal solch politische Brisanz bekommen würden.

Blickt man beim Verlassen der Nikolaikirche durch das Oberlicht der riesigen Kirchentür, so ist am gegenüberliegenden Haus das Wort »Passage« zu lesen. Darunter hängt ein Metallgitter im Stil des Art déco. Die Sandsteinumrandung des Eingangs zieren verschiedene Reliefs, in der Mitte ein Schiff, das die Verbundenheit mit dem Handel in aller Welt symbolisiert. Dort ist jedenfalls einer der drei Eingänge in das frühere Messehaus Specks Hof. Nicht umsonst steht oben am Gebäude in Jugendstillettern »Messpalast«. Denn ein Palast war er. Und auch gleich der größte und der erste, von Anfang an in jeder Etage mit geplanten Rundgängen konzipiert.

Wegen seiner vielen Passagen – auch Specks Hof wird von ihnen durchzogen – hat Leipzig für Touristen immer Saison. Es ist eine Stadt für jede Jahreszeit. Egal, ob es zu heiß, zu kalt, zu windig, zu regnerisch ist, der Stadtbummel findet darin seine wetterunabhängige Fortsetzung.

Die Passage bringt eine Reihe von Vorteilen für den Passanten. Sie verkürzt Wege, da sie mindestens zwei Straßen miteinander verbindet. Das trifft aber nur zu, wenn der Benutzer sie zügig durchquert.

Wehe dem, der sich im Vorbeigehen von den Auslagen der Schaufenster verführen lässt, den Schritt zu verlangsamen – schon steht er davor, schließlich im Laden, und aus der Abkürzung ist – zeitlich gesehen – ein Umweg geworden.

Leipzigs erste Passage entstand 1873. Sie verband die Petersstraße mit der Thomasgasse bzw. dem Thomaskirchhof. Heute erstreckt sich dort eine Grünfläche. Die Stecknerpassage wurde im Krieg zerstört. Sie war eine besonders noble Ladenstraße. Der Erbauer Wilhelm Gustav Steckner handelte mit Seidenstoffen und Galanteriewaren. Die Bürgerwelt promenierte an den blitzenden Scheiben vorbei und ergötzte sich an den vielfältigen Modeutensilien.

Andere alte Passagen blieben zum Glück erhalten. Solche prächtigen wie in Leipzig findet man erst wieder in Paris oder Mailand. Selbst hier zeigt unsere Messestadt, dass sie anderen

Metropolen in nichts nachsteht, wenn es auch die ersten Passagen in der Stadt an der Seine gab. Und die, sagt man, gingen wiederum auf arabische Basare zurück. In Jaffa sah ich einen überglasten Gang mit diversen Ständen links und rechts, der mich ein wenig an Leipzig erinnerte. Vorläufer der Passagen waren ja die sogenannten Durchhäuser, die es in der Handelsstadt Leipzig wegen anliefernder Pferdegespanne in großer Anzahl gab und die man auch reichlich unter diesem Namen in Prag und Wien findet.

Egon Erwin Kisch, der berühmte Reporter, war von den überdachten Einkaufsstraßen allerdings nicht begeistert. In seinem Buch »Die Abenteuer von Prag« schreibt er abfällig: »Was sind sie denn, diese Passagen, he? Ganz gewöhnliche, moderne Straßen, die sich mit einem Dach maskieren, damit man sie mit unseren guten alten Durchhäusern verwechsle. Wo aber haben sie denn den Märchenzauber der Prager Höfe, wo haben sie die geheimnisvollen Ein- und Ausgänge...«

Für uns Heutige, die wir die alten Höfe nicht mehr kennen – für uns sind diese Passagen gegenüber den nüchternen Ladenstraßen schon romantische Inseln der Großstadt. Zumal wenn manche Fassade im künstlichen Licht glitzert, sich im Glas das Gegenüber spiegelt und edle Materialien wie Marmor, Kupfer oder Messing beim Bau verwendet wurden.

Fachleute rühmen das auf der Welt einzigartige, mit dem offiziellen Straßennetz konkurrierende Passagensystem in unserer Stadt seit jeher. Dies galt es im neuen Leipzig zu erhalten und die im Krieg zerstörten durch neue Passagen zu ersetzen. So entstanden seit 1990 die Strohsack- und die Juridicum-Passage sowie eine Verbindung vom Markt zur Klostergasse, die Marktgalerie.

Specks Hof war eine Zeit lang sehr gefährdet. Aber den Bauwütigen wehte in der Leipziger Öffentlichkeit ein scharfer Wind entgegen, und es wurde verhindert, dass aus drei Lichthöfen nur einer wurde. So kann der Besucher zum Glück den Wechsel von Passagengängen mit original kupfergetriebenen

Decken aus der Jugendstilzeit und der einstrahlenden Helligkeit des anschließenden Lichthofes in moderner künstlerischer Gestaltung noch genießen.

Unterschiedlichste Läden werben hier um Kunden. Der Buchfreund wird in der Connewitzer Verlagsbuchhandlung (der ersten privaten Buchhandlung in Leipzig nach 1989) mit einem exzellenten Sortiment schnell fündig. Ganz in der Nähe gibt es einen Laden namens »Tortissimo«, der jegliches Backzubehör offeriert. Ich wünsche den Inhabern von Herzen viel Erfolg, kann mir aber nicht vorstellen, wie man mit Backformen und Backpulver überleben kann.

Nicht nur Wien, auch Leipzig besitzt einen Naschmarkt. Er ist ein intimer, romantischer Platz hinter dem Alten Rathaus. Hier wurde einige Jahrhunderte lang Obst verkauft, denn damals naschte man Äpfel und Birnen. Zwar hat sich das Angebot verändert, doch zu naschen gibt's auf diesem Platz immer noch reichlich. Die Kellnerinnen des angrenzenden Mövenpick-Restaurants bringen gern, was Gaumen und Magen begehren. Leider ging mit dieser Privatisierung der ehemalige »Burgkeller« verloren. Immerhin handelte es sich dabei um den ältesten Ausschank in der Messestadt, und eine Bezugnahme auf diese Tradition hätte bei der Gestaltung der Geräume wohl berücksichtigt werden können. Auch die noch zu DDR-Zeiten vorhandene Keller-Kneipe wurde von Mövenpick nicht wieder eröffnet. Bleibt abzuwarten, was uns nach dem Umbau des ehemaligen Messehauses Handelshof zum Hotel dort gastronomisch erwartet.

Die besondere Atmosphäre am Naschmarkt muss man möglichst an einem sonnigen Sommertag genießen. Da leuchtet die Fassade der Alten Börse – ein barockes Kleinod an der Nordseite –, da strahlen die gelben Stuckgirlanden, grüßen die Statuen vom Dach. Der ganze Bau vermittelt eine ungeheure Leichtigkeit. Italienische Meister waren hier am Werke. Mit etwas Phantasie kann man sich vorstellen, wie einst reizende Leipziger Damen und die Honoratioren der

Stadt den prunkvollen Treppenaufgang zum Festsaal emporschritten, um der Einladung August des Starken zu folgen, der hier seine berühmten galanten Feste abhielt. Auf einem Sockel vor der Alten Börse steht ein junger stolzer Herr. Sein Name? Johann Wolfgang von Goethe. Beruf bekannt.

Man sagt übrigens, dass Goethe nicht umsonst gerade an dieser Stelle steht. Sichtkontakt ist schon da; seine Schritte brächten ihn nach wenigen Metern in »Auerbachs Keller«. Und der hat seinen Weltruhm wiederum dem Poeten zu verdanken, der das launige Lokal im »Faust« verewigt hat. Per Fass soll bekanntlich jener Doktor Faustus aus dem Keller nach oben geritten sein. Der Besuch des alten Fasskellers gehört deshalb zum Pflichtprogramm eines Leipzig-Besuchers. Zwar ist von dort nie jemand durch die Luft geflogen, jedoch sind seit Jahrhunderten Herren (und durchaus auch Damen) lachend und angeregt plaudernd, mitunter schwankenden Schritts aus diesen Kellerräumen wieder ins oberirdische Leben zurückgekehrt – ohne jedoch irgendwelchen Schaden zu nehmen.

Der Eingang zu »Auerbachs Keller« befindet sich in der Mädler-Passage. Sie gilt als die bedeutendste deutsche Ladenstraße. Hier promenieren seit 1914 die Leipziger und ihre Gäste. Vorher befand sich an dieser Stelle der im 16. Jahrhundert erbaute Auerbachs Hof. Der berühmte tonnengewölbte Fasskeller, in dem schon der junge Student Goethe diesen und jenen Becher leerte, zieht jährlich Tausende an. Sie könnten dort gar nicht alle bedient werden. Drum gibt es seit 1914 gegenüber eine Großgaststätte, die den Besucherstrom abfängt.

In der Mädler-Passage stauen sich oft Touristengruppen vor den beiden Treppen, die in »Auerbachs Keller« führen. Dort stehen die von Matthieu Molitor 1913 geschaffenen Figuren Faust und Mephisto und ihnen gegenüber die verzauberten Zecher. Dabei fällt der blank gewienerte Schuh des bronzenen Dr. Faust auf. Der Glanz ist nicht das Werk einer flinken Bürste, sondern dem Aberglauben Tausender Touristen geschuldet, die vom Stadtführer jeweils instruiert wurden: Das Streicheln mit der Hand über den metallenen Schuh brächte Glück.

Die Mädler- ist mit der Königshof- und der Messehof-Passage verbunden, und so gibt es allein in diesem Durchgangssystem reichlich Gelegenheit für einen Einkaufsbummel. Berliner Freunde schwärmen immer wieder, wie schön man in Leipzig einkaufen kann. Kein Wunder, wozu die Hauptstädter Tage brauchen, das ist hier – siehe vorn – in zehn Minuten zu erlaufen. Wenn sich das in Berlin herumspricht...inzwischen erreicht man unsere Stadt von dort mit dem Zug in etwas mehr als einer Stunde. Die Leipziger Einzelhändler, da können Sie sicher sein, hätten überhaupt nichts gegen Kunden aus der Hauptstadt.

Ein Lieblingsort von mir im Zentrum sind die Arkaden am Alten Rathaus. Hier treten die Kaufwilligen in Geschäfte mit Geschichte. So zum Beispiel seit 1888 in das vom Juwelier Schneider, das einzige Fachgeschäft für Silberwaren in der Messestadt. Eines derer – und die kann man an einer Hand abzählen – mit der Originaleinrichtung aus der Zeit. Vieles, was der Krieg in Leipzig davon übrig gelassen hatte, zerstörte der staatliche Handel, und letzte Reste (wie das Fotohaus BeZe) wurden nach der Wende »wegrenoviert«.

In den Arkaden dudelt keine Musik aus den Läden, hier kann man sich noch leise unterhalten, sieht man in aller Ruhe Käufer und Verkäufer im trauten Gespräch. Egal, ob in der Buchhandlung Bachmann, wo alles über Leipzig und Sachsen in den Regalen steht, oder im Grafikantiquariat Koenitz, wo der Kunstfreund ohne übertriebene Kosten auf seine Kosten kommt, ob im Fachgeschäft für Meißner Porzellan (August der Starke präsentierte es in Leipzig zur Ostermesse 1710 persönlich den staunenden Gästen aus aller Welt) oder im Klaviersalon Blüthner, jenem berühmten Hersteller für Tasteninstrumente, im Antiquariat Wend oder im Laden »Edler Tropfen«. Der hieß schon zu DDR-Zeiten so, aber nun erst wird er seinem Namen gerecht. Auch dieses Geschäft blieb uns glücklicherweise in der Originalausstattung erhalten, ein Wandgemälde von 1913 gibt Zeugnis, dass es einst der »Verkaufsladen von der Quandtschen Tabaksmühle« war. Die spielte zur Völkerschlacht eine Rolle. Tabak ist natürlich auch reichlich im Angebot, aber – wie mir die Inhaber sagten – der Umsatz geht zurück: »Sechzig Prozent weniger seit der Mehrwertsteuererhöhung.« Da müssen die edlen Tropfen ran, um das aufzufangen. Was es in den Regalen aber auch alles gibt! Sogar mongolischen Wodka, bei dem die Flaschen in echtem Leder stecken.

In den Arkaden plätschert in einer Nische ein Wandbrunnen. Mittelpunkt ist ein bronzener Mädchenakt, zu dessen Füßen Wasser speiende Amphibien hocken. Als ich vorbeiging, informierte gerade eine Leipzigerin ihre Gäste über die Figur: »Die haddnse geklaut. Die war wägg!«

Die Dame hatte recht, denn die von Johannes Hartmann geschaffene Figur wurde 1992 gestohlen und von Professor Schwabe neu gegossen. Nicht viel später verschwand aus der Specks-Hof-Passage wiederum eine nackte Bronzefrau. Hatte da einer keine eigene und musste sich Ersatz besorgen?

Auf der Seite zur Grimmaischen Straße verdoppelt sich der Raum der Arkaden, und wegen der guten Akustik finden sich oft Straßenmusikanten ein. Russische Akkordeon-Virtuosen, Bach geblasen oder gestrichen, jazzige Töne, klassischer A-cappella-Gesang (besonders beliebt in der Weihnachtszeit, von Leipziger Engeln gepflegt, die Herzen und Börsen öffnen) bis hin zu Streichquartetten ist alles vertreten. Und die Münzen klimpern in den Geigenkasten.

Aber auch so etwas habe ich schon gesehen: zwei junge Leute, eine Gitarre, eine Bongo, auf dem Boden lagen eine Bibel und ein Zettel: Bitte kein Geld. Auch das gibt's also in unsrer Welt.

Schräg gegenüber dem Alten Rathaus sieht man eine Gasse in den Markt münden. Dort muss man an einem Sommerabend hin. Oberstes Gebot für Leipzig-Besucher! Sonst hat man das pralle Leben, das südliche Flair, das unsere Stadt zu bieten hat, nicht erlebt. Betritt der Gast das Barfußgäßchen, bietet sie gerade genug Raum für einspuriges Gehen. Links und rechts breitet sich Tisch an Tisch aus und man ist in eine Wolke von Gemurmel und Lachen gehüllt, deren Dichte beim Durchschreiten nie nachlässt.

Diese Gasse zieht die Menschen magisch an, sie fühlen sich dort in der Enge aufgehoben, ein intimer Raum, der nur von alten Häusern flankiert wird. Die Menschen, selbst wenn sie nicht kunsthistorisch gebildet sind, fühlen sich zwischen altem Gemäuer instinktiv einfach wohler als zwischen glatten, tristen Neubauten.

Neben den vielen Kneipen existiert in dieser Gasse als Letztes aus der Zeit der Läden noch ein Briefmarkengeschäft auf kleinstem Raum. Das ist gut für die Miete. Zum Glück braucht solch gezacktes Stück Papier nicht viel Platz.

An kühlen Tagen wird auf das Sitzen an der frischen Luft natürlich nicht verzichtet, denn diverse Wärmequellen schaffen unter den Schirmen eine behagliche Wohnzimmeratmosphäre.

Na ja, früher ging man einfach in das Lokal hinein, wenn es draußen zu frisch war, aber heute will der Mensch eben auch zur Unzeit auf nichts verzichten.

Das Barfußgäßchen ist nach dem früheren Kloster der Franziskaner oder auch Barfüßer benannt; jene Mönche führte der Weg unbeschuht die Gasse entlang. Wenn die heiligen Männer wüssten, wie viel nackte Haut heute sommers dort zu sehen ist und wie beim Flirt am Tisch der Grundstein für baldige Sünden gelegt wird…

Am Ende weitet sich die Gasse in einen romantischen Platz mit Brunnen, ehe sie für ein kurzes Stück wieder zur echten Gasse wird. Auf jenem Platz, der kurioserweise keinen Namen hat, trifft sich auch die ältere Generation.

Wenn ich mich mit Freunden vor der »Zigarre« verabrede,

dort befand sich bis Anfang der neunziger Jahre ein im Interieur voll erhaltener alter Zigarrenladen, wovon Teile des historischen Mobiliars in das Restaurant integriert wurden, dann ist der Genuss – vor allem am Wochenende – dreifach. Neben der kurzweiligen Unterhaltung, neben Essen und Getränken, genießt man das Schaulaufen der gestylten Schönen aus Leipzig und Umgebung.

Mitunter glaubt man sich auf der Via Veneto in Rom.
»Haste die eben gesehn?!«
»Na klar.«
Die letzten Sonnenstrahlen streifen die Gäste.

Gegenüber erheben sich die Gebäude des Trifugiums. So wird ein Büro- und Geschäftshausensemble genannt (mit einigen wenigen Wohnungen), dessen Fassaden eine Mischung von Jugendstil und Historismus zeigen. Am Giebel des mittleren Hauses liest der aufmerksame Betrachter: »Gebraucht die Zeit, sie geht so schnell von hinnen.« Das war also auch vor hundert Jahren nicht anders, obwohl gerade wir glauben, besonders unter der Schnelllebigkeit zu leiden...

Diese drei Häuser zählen zum Schönsten, was um 1900 im Zentrum an Gründerzeitarchitektur entstand. Im Eckhaus zum Dittrichring, in dem sich heute im »Hundertwasser« viel junges Volk trifft, befand sich vor dem Krieg das Palast-Café. Dies war der letzte Ort, an dem sich Leipziger Juden in einer Gaststätte aufhalten durften. Alle anderen Lokalitäten der Stadt waren ihnen verboten. Die Gespräche über die Repressalien, ihre Ängste, ihre Hoffnung oder Hoffnungslosigkeit, die täglichen großen und kleinen Sorgen – die hätten wohl Stoff für ein Kammerspiel oder einen Film gegeben.

Rolf Kralovitz ist einer, vermutlich der letzte Überlebende, der als Jugendlicher in diesem Kaffeehaus verkehrte. »Es gab irgendwelche falsche Limonade und Ersatzkaffee, er roch schrecklich und schmeckte auch so. Der besondere Geruch eines Cafés, diese Mischung von Kaffee- und Kuchenduft mit Tabak war dahin. Den Besuchern war die Verzweiflung ins

Gesicht geschrieben, die Gesprächsthemen kreisten nur um Auswanderung, Zwangsarbeit und den erlittenen Verlust von Eigentum.«

Hier fanden auch die Veranstaltungen des Jüdischen Kulturbundes statt, jeweils sorgsam protokolliert von einem Polizisten. Aber nach und nach blieben immer mehr Stühle leer. Bis 1941 trafen sich Leipziger Juden in diesem Kaffeehaus, und wer dann noch am Marmortisch saß, der hatte keine Chance mehr, von Leipzig in die Freiheit zu gelangen.

Hugo Silberstein, der Wirt, wurde im Januar 1941 verhaftet, im März nach Sachsenhausen deportiert und kam dort im Mai 1942 ums Leben.

Während die Häuser Nr. 11 und 13 wenig Schaden nahmen, brannte die Nummer 15 bis zum ersten Stockwerk nieder. Die Reste des ruinierten Hauses, auf dessen provisorischem Dach die Birken grünten, wurden zu DDR-Zeiten trotzdem genutzt, als Wettbüro für Pferderennen.

Die Ruine stünde heute noch da, wenn nicht die neue Zeit alles verändert hätte. An solchen Stellen in der Stadt muss man einhalten und sagen: Ein Segen, was da und dort im wahrsten Sinn des Wortes aus Ruinen auferstanden ist. Nach alten Plänen und Fotos wurde das dritte Haus des Trifugiums wieder errichtet. Carl Herzog von Württemberg kaufte die Gründerzeitbauten aus der reichlichen Konkursmasse des Jürgen Schneider und sorgte für deren Rekonstruktion.

Ein Ort des Wohlfühlens ist für mich auch immer der harmonisch abgeschlossene Thomaskirchhof. Julius R. Haarhaus schreibt in seinem Buch »Leipziger Spaziergänge« über den Platz, der ihn »...in mancher Hinsicht an die malerischen Winkel altenglischer Bischofsstädte erinnert«.

Die Südseite der Kirche mit ihren hohen gotischen Fenstern bildet einen beeindruckenden Hintergrund für das Bach-Denkmal, das von zwei Linden eingerahmt wird. Das steile Dach der Kirche scheint Schwung in Richtung Himmel zu nehmen.

Glücklich jener, der bei den in der Stadt sehr beliebten Konzerten vorm Bach-Denkmal einen Platz auf den Stühlen des »Bach-Stübls« oder der benachbarten »Central-Apotheke« ergattert, um die Musik bei einem Schoppen zu genießen. Wenn Sie sich jetzt wundern, dass in Leipzig selbst Apotheken Alkohol ausschenken, so sei als Erklärung hinzugefügt, dass sich dieser Name auf eine Tradition des Hauses bezieht. Die Central-Apotheke gehörte einst Carl Emil Willmar Schwabe – *dem* Mann für die Produktion homöopathischer Mittel in Deutschland. Seine Firma hatte im Jahre 1913 etwa 750 Niederlassungen. Im ersten Stock des Gebäudes am Thomaskirchhof kann deshalb auch ein Apothekenmuseum besichtigt werden.

Einen der mir liebsten Orte hätte ich fast vergessen – Barthels Hof. Unser schönster! Leipzig war zwar immer eine Bürgerstadt ohne Hof an sich, hatte aber dafür viele Höfe!

Wer sich vom Trubel der City etwas entspannen will, der gehe vom Markt, Ecke Hainstraße in diesen alten Messehof. Sofort ist man von jeglichem Lärm abgeschirmt und glaubt sich in einer anderen Zeit, wenn einen nicht das Schild von einem Geldautomaten wieder in die Gegenwart holen würde. Da die Sonnenstrahlen nicht ungehindert in dieses Areal fallen können, sind die Gebäude in leuchtendem Gelb angestrichen, die Fensterumrandungen heben sich in vornehmem Grau davon ab.

Wer zum Dach blickt, sieht noch die Ansätze der Kranbalken, an denen vor Jahrhunderten die Waren in die Lager gezogen wurden. In diesem Hof blühte einst der Handel, inzwischen haben sich auch hier Geschäfte wieder angesiedelt. Das Durchgehen war immer erlaubt. Im Gegensatz zum römischen Recht, wo schon das Betreten der Höfe als Hausfriedensbruch geahndet wurde, war das hier ausdrücklich erwünscht. Natürlich war dieser Hof ursprünglich geschlossen. Durch den gewachsenen Messeverkehr wurden die Besitzer jedoch genötigt, ihre Grundstücke besser zu »vermarkten«, und so schuf man eine Geschäftsstraße und einen Durchbruch – in diesem Fall – zur Fleischergasse.

Barthels Hof ist der einzige aus der Zeit der Warenmesse, der uns geblieben ist. Einst stand dort am Markt der Renaissancebau Goldene Schlange. Der wurde im Auftrag des Kaufherrn Gottfried Barthel im Barockstil umgebaut. Die jetzige Fassade stammt aus einem weiteren Umbau aus dem Jahr 1871. Zum Glück geschah der mit viel Respekt vor den Altvordern, denn der noch von der Gotik beeinflusste prächtige Renaissanceerker wurde dabei gerettet und an die Hofseite des Gebäudes umgesetzt. Ein Segen für alle Nachkommenden! Nun ist dieser Erker nach filigraner Restaurierung in noch nie gesehenem Glanz zu bewundern. Und auch die Schlange, die jenem Haus den Namen gab, leuchtet wieder golden.

Auf dieses Glanzstück kann man getrost anstoßen – am besten gleich in der dort gelegenen Gaststätte, die den selben Namen trägt.

Leipziger Mentalitäten

Beim Spaziergang durch die Stadt ist der Kontakt mit ihnen unumgänglich, den Leipzigern. Es sind Menschen, die einen Dialekt sprechen, der nur so aus ihnen herausplätschert. Auf den ersten Blick scheinen sie ein starkes Gemüt zu haben, auch schlagfertig sollen sie sein, obwohl ihnen die Kaltschnäuzigkeit der Berliner fremd ist. So sagt man.

Jeder Besucher der Stadt macht natürlich seine eigenen Erfahrungen mit ihnen. Ich weiß nicht, was Roda Roda, der große Spötter, in Leipzig erlebt hat. Er schrieb nach einem Besuch jedenfalls ein Gedicht mit dem Titel

Meine Eindrücke von Leipzig

»Nicht mit Unrecht gilt...
Andrerseits muß man
Den Leuten zugutehalten,
dass...
kurz: Man kann verstehen.«

Die Mehrheit der Leipziger zeigt sich Besuchern gegenüber offen. Diese Offenheit hat über die Jahrhunderte Messegäste beeindruckt. Jede neue Generation hatte von klein auf geübt, mit Fremden umzugehen. Das Ansehen der Stadt wuchs mit jedem Gast, letztlich profitierten alle davon. So gilt für die Leipziger durchaus der Begriff »fremdenfreundlich«.

Ein paar Ausnahmen in den letzten Jahren bestätigen leider auch hier wieder die Regel.

Unser erster Oberbürgermeister der neuen Zeitrechnung kam im April 1990 aus Hannover an die Pleiße. Dr. Hinrich Lehmann-Grube nahm in jenem Monat sogar die Staatsbürgerschaft der DDR an und war noch ein paar Monate »einer von uns«. Er hat seine Erfahrung mit den hier Lebenden so formuliert: »In Leipzig bleibt man nicht lange fremd.«

Wenn Leipziger auf der Straße etwas gefragt werden, dann geben sie gern Auskunft. Aber eine Gegenfrage lässt nicht lange auf sich warten: »Sie sinn wohl zum erschdn Mal in Leibzch?« oder »Aus welcher Ägge gomm Sie denn?«

Wird das Bundesland genannt, so entgegnet der Fragende garantiert: »Das habb'sch mer schon gedachd.«

Die Leipziger sind alles andere als schüchtern oder zurückhaltend. Und sie sind auch sofort für eine Plauderei mit Fremden zu haben. Man kommt umstandslos mit ihnen ins Gespräch. Gern bieten sie bei einem Schwätzchen ungefragt diese und jene informelle Zugabe und erzählen, dass sie auch eine Cousine in Bayern haben, der sie im Dezember immer einen Stollen schicken, und die wollte eigentlich letzten Monat zu Besuch kommen, aber dann wurde plötzlich ihr Mann krank und...

Heute würde man sagen, dass die Bewohner unserer Stadt ausgesprochen kommunikativ sind. Früher sagte man, sie seien redselig. Und sie sind auch wirklich selig, wenn sie reden können. Wer in Leipzig eine Frage stellt, bekommt eine Geschichte als Antwort. Oft geht es nicht auf geradem Weg zum Ziel, sondern mit diversen Abschweifungen nähert sich

der Sprecher dem Eigentlichen, bemerkt dann irgendwann seine Satzgirlanden und zieht selbstkritisch das Resümee: »Awwr das wolld'ch gar nich erzähln…«
Dieser Satz ist dann sein Stopper.
Meine Mutter sagte über solch einen Typen: »Der kommt vom Hundertsten ins Tausendste!«
Also, etwas Zeit muss schon einplanen, wer einem Hiesigen eine Frage stellt. Wenn Ortsfremde zum Beispiel von jemandem wissen wollen, wie sie am besten von einer Gasse aus dem Stadtzentrum nach Connewitz oder Gohlis kommen, so wird der Angesprochene gern die Richtung weisen. In Kürze werden sich aber drei weitere Leipziger dazugesellen, von denen jeder noch besser weiß, wie das Ziel zu erreichen ist. Und wenn die Ortsfremden schon längst den Weg eingeschlagen haben und sich zufällig einmal umdrehen, sehen sie noch von Weitem die Gruppe im traulichen Gespräch über Leipzig, Gott und die Welt vereint.
Grundsätzlich gilt: Leipziger sprechen gern über ihre Stadt.
Ich bin in Zwickau aufgewachsen und habe das Wort »Leipziger« zum ersten Mal von meiner Mutter gehört. Wenn ein Mensch besonders emsig war oder vielleicht auch nur Emsigkeit vortäuschte, dann kommentierte das meine Mutter: »Der hat ja zu tun wie der Leipziger Rat!«
Eine in Ostdeutschland zumindest weithin verbreitete Redewendung. Schwer einzuschätzen, ob sie Hochachtung ausdrücken soll oder ob man das Getue der Ratsmitarbeiter damit ironisch beleuchten wollte. Es gibt jene Anekdote, nach der ein Tourist, sehr beeindruckt vom stattlichen Bau des Neuen Rathauses, den Reiseleiter fragt, wie viele Leute denn in diesem gewaltigen Komplex arbeiten würden. Nach kurzem Nachdenken antwortet der: »Na…ich vermute…die Hälfte.«
Zur Leipziger Mentalität gehört auch, dass man sich nicht so schnell beeindrucken lässt. Wenn jemand absichtlich oder unabsichtlich »auf den Putz« haut, wird gleich reagiert, wird er

auf den Boden der Tatsachen geholt. Else Buschheuer, Schriftstellerin und Fernsehmoderatorin, zog von New York vor einiger Zeit zurück in ihre sächsische Heimat. Wie gewohnt, grüßte sie einen Zeitungsverkäufer am Kiosk mit »Hi«.

Darauf er lakonisch: »Mier hamm hier geen Hai.«

Der Leipziger nimmt auch manches hin, ohne sich gleich zu beschweren. Das beste Beispiel dafür ist vielleicht jene Geschichte, in der ein Ehepaar im »Auerbachs Keller« das Essen serviert bekommt. Sie hatten Sauerbraten mit Klößen bestellt, und der Kellner bringt ihnen – Karpfen blau! Kurzer Blick auf den Teller mit einem Hauch von Fassungslosigkeit, dann fasst sich die Frau schnell und meint zu ihrem Mann: »Gomm, mach mor geen Offschdand, wärch mor das Zeich nundor.«

Auch Geduld ist eine Eigenschaft, die dem Sachsen in die Wiege gelegt ist. Ein Amerikaner sitzt in der Straßenbahn einem Leipziger gegenüber und hat die Füße auf dessen Oberschenkel abgelegt. Der Mann ruckt und zuckt sich nicht. Nachdem der Ami ausgestiegen ist, meint ein Fahrgast: »Na, das hätte ich mir nicht gefallen lassen! Dem hätte ich aber Bescheid gestoßen!«

»Wie denn?! Ich gann doch gee Englisch!«

Andererseits zählt zu den sächsischen Eigenschaften bekanntlich neben »helle« und »heeflich« auch noch »heemdigsch«. Ein Mann im alten Leipzig wird draußen auf der Plattform der Straßenbahn von einem rücksichtslosen Fahrgast rüde zur Seite gestoßen. Nachdem dieser zwei Stationen später wieder abgestiegen ist, meint ein Leipziger, der das beobachtet hatte: »Na, das war ja ein schlimmer Rüpel!«

»Na ja, mor darf sich ähmd nicht gefalln lassn.«

»Na, Sie haben doch gar nichts gesagt!«

»Un das Loch, das ich ihm midd meiner Zigarre hindn in sein Mandl gebrannd hawwe – das war wohl nischd?«

Aber wenn dem Leipziger wirklich mal der Kragen platzt,

dann...ja, dann demonstriert er – wie 1989 bewiesen – sogar ein ganzes Herrschaftssystem in Grund und Boden. Denn ängstlich sind die Bewohner dieser Stadt nicht.

Auch das ist ihnen fremd: jegliches Pathos. Die höchste Form von Feierlichkeit ist in Leipzig der Besuch des Gewandhauses. Aus lauter Respekt vor der hehren Kunst haben sich Konzertbesucher deshalb in den Wandelgängen bemüht, akzentuierter zu sprechen. Doch all ihre rührenden Versuche waren vergebens. Die harten Konsonanten klangen nie hart genug, und so mancher Vokal schwebte undeutlich an die Stuckdecke. Mit einer angestrengten besonderen Betonung der Silben war auch nichts gewonnen. Dieses bemühte Hochdeutsch der Konzertbesucher heißt bis zum heutigen Tag »Gewandhaussächsisch«.

Originelle Begriffe haben die Leipziger schnell zur Hand. Als der geschwungene Kaufhausbau am Brühl modernisiert und mit einer Aluminiumverkleidung versehen wurde, stand dort über Nacht die »Bemmbiggse«. (Dass eine »Bemme« ein belegtes Brot ist, sei gleich nachgeliefert.)

Auch bei Kneipen-Neugründungen der jungen Generation zeigt sich mitunter ein gewisser Pfiff. Kurz nach der friedlichen Revolution entstand im Süden für eine Zeit ein Treff in einer ehemaligen Bäckerei. Da es in der DDR Geschäfte mit der Bezeichnung HO Backwaren gab, nannten die jungen Leute die Kneipe in nahezu dadaistischer Abwandlung »KO Backwahn«.

Ein angesagtes Lokal in der Nähe meiner Wohnung heißt »Hotel Seeblick«. Es ist weder ein Hotel, noch hat es einen Seeblick, denn es liegt an der belebtesten südlichen Ausfallstraße der Stadt. Der Gast schaut lediglich auf ein Reisebüro, in dem man dann tatsächlich ein Hotel mit Seeblick buchen kann. Weiter draußen in Connewitz existiert eine Wirtschaft mit dem Namen »Waldfrieden«. Haben Sie schon an einem Restaurant mit solch einem Namen irgendwo in Deutschland eine Straßenbahn vorbeifahren sehen?

Im noblen Musikviertel, in dem immer gut betuchte Leute wohnten, verkehren auch junge Leute mit schmalem Geldbeutel im »Protzendorf«.

Humor und Optimismus sind unter Leipzigern zum Glück häufig anzutreffen. Sie fassen auch unter widrigen Verhältnissen frohen Mut. Das konnte ich von 1965 bis 1989 sehr gut beobachten. Und der Witz blieb dabei nicht auf der Strecke. Im Gegenteil. Man hält sich nicht zu lange an negativen Dingen auf. Schnell kippt eine angespannte Situation wieder ins Heitere. »Mor muss das Lähm ähm nähm, wie das Lähm ähm is.«

Helmut Richter benennt in einem Text ein Charakteristikum der Bewohner unserer Stadt: »Leipzig hat dem prunksüchtigen Starken August nie das gewünschte Schloss gebaut, aber die Stadt war in ihren Glanzzeiten berühmter als das Königreich, in dem sie lag. Dieser undumpfe Lokalpatriotismus mutierte zu einem Bürgersinn, aus dem sich wiederum eine Stifterkultur entwickelte, wie man sie andernorts kaum vorfindet.«

Ob Stadtbibliothek oder Museum der bildenden Künste – dafür stifteten in der Vergangenheit Bürger wichtige Exponate und Sammlungen. Diese Tradition war natürlich in den vierzig Jahren DDR unterbrochen. Engagierte Leipziger Bürger gründeten gleich nach der friedlichen Revolution die Kulturstiftung. Oberster Leitgedanke: dem Gemeinwohl verpflichtet. Hauptaufgaben wurden Denkmalschutz und Umweltpflege. Da ich mit zu den Gründungsvätern gehöre, erinnere ich mich noch genau, dass wir eine Stiftung in einem Land ins Leben gerufen hatten, das noch gar kein Stiftungsrecht besaß (wir waren also die Ersten in Sachsen). Andererseits brauchten wir natürlich mehr Geld als jene 10 000 D-Mark, die ein engagierter Westdeutscher, der die Gründung letztlich auslöste, für solch einen guten Zweck gesammelt hatte. Neue Einnahmen erschloss uns zum Glück bald Kurt Masur mit Benefizkonzerten.

Bürgersinn hieß also, es hatte wieder Sinn, Bürger zu sein.

Um noch einmal auf das Schloss zurückzukommen, das die Leipziger ihrem König nie gebaut haben... Im Rosental waren schon die ersten Schneisen geschlagen. Ein Barockpalais mit statuengeschmückten Arkaden sollte entstehen, ein holländisch-französischer Garten mit Teppichbeeten, Laubengängen, Statuen und Springbrunnen. Doch der Rat sträubte sich, man wusste, was da auf die Stadt an finanziellen Forderungen zugekommen wäre, und erfand immer neue Ausreden, um dem König sein Ansinnen auszureden. Es wird erzählt, dass die Ratsherren sehr einfallsreich waren. In der Art: »Bedenken Sie, Majestät! Im Rosental! Die Mücken!!!« Dann war es wiederum die Feuchtigkeit des Bodens, die Überschwemmungsgefahr oder sogar eine dort hausende »Räuberrotte«.

So blieb das Lustschloss ein Luftschloss.

Wäre es gebaut worden, hätten zwar die Besucher heute ein Ziel mehr, aber die Rekonstruktion hätte die Staatskasse nach 1989 auch wieder kräftig belastet...

Wenn über Charakteristika der Leipziger gesprochen wird, sollen auch weniger ideale Eigenschaften erwähnt werden: Durch das offene Wesen, die Lust am Reden, neigen manche Bewohner unserer Stadt zur Indiskretion. Es geschieht nicht mutwillig, nein, sie merken einfach nicht, wann sie mit Schwatzen aufhören müssen! Solche Leute sollte man nicht gerade im diplomatischen Dienst einsetzen. Doch wie viel Chancen hätte überhaupt ein sächsischer Diplomat? Als ich mit meinem Kollegen Gunter Böhnke und unserem Pianisten Rainer Vothel zu einem Gastspiel nach Brüssel in die Landesvertretung Sachsen eingeladen wurde, befand die sich natürlich fest in westdeutscher Hand. Aber das nur nebenbei.

Auch eine gewisse Skepsis ist vielen Leipzigern zu eigen. Das Neue wird nicht immer mit offenen Armen empfangen. Auf gewohnten Pfaden lässt es sich halt besser wandern...

Die Leipziger sind Genüssen zugetan: Für Kaffee – sieße

muss er sinn – und Kuchen geben viele hier ihr letztes Hemd. Eine Leipziger Lerche ist aber auch etwas Köstliches. Das Törtchen aus Mürbeteig, gefüllt mit einer Mandelmasse, hat eine besondere Geschichte: Vom 18. bis in die erste Hälfte des 19. Jahrhunderts gehörten gefüllte und gebratene Lerchen tatsächlich zur Lieblingsspeise an der Pleiße (und auch in der Umgebung). Ob man sich davon die Verbesserung der Singstimme versprach, entzieht sich meiner Kenntnis. Im Herbst rasteten die wohlgenährten Vögel in dieser Gegend, ehe sie nach Süden zogen, aber so mancher Piepmatz zog nach der Rast in eine Leipziger Pfanne um. Dazu gesellten sich Sauerkraut und Speck. Man schätzt, dass in einer Saison 1,5 Millionen Lerchen verspachtelt wurden!

Doch nun kommt's: 1860 tobte über Leipzig ein grausiges Unwetter. Überall in Wald und Feld und auf den Straßen lagen vom Hagel erschlagene Lerchen. Dieser Anblick ist den Bürgerinnen und Bürgern auf den Magen geschlagen. Die Lerchen flogen fürderhin nicht mehr in die Pfanne, sondern wirklich nach Süden. Hinzu kommt, dass Sachsen 1876 ein Gesetz erließ, wonach nützliche Vögel nicht mehr gejagt werden durften. Deshalb versuchten pfiffige Bäcker mit ihren »Leipziger Lerchen« ein wenig Trost zu spenden. Echt ist das Backwerk aber nur, wenn sich darauf zwei Teigstreifen kreuzen.

Als ich während eines Gastspiels mit meinem Kollegen Gunter Böhnke und meiner Frau Stefanie über die Dizengoff Street in Tel Aviv spazierte, machten wir alle drei plötzlich erstaunte Gesichter, als wir im Schaufenster einer Bäckerei original Leipziger Lerchen liegen sahen. Der von uns befragte Bäcker hatte keine Ahnung von der Herkunft des Gebäcks, aber die Rezeptur stimmte, vermutlich hat sie ein ausgewanderte Leipziger Jude ins Heilige Land mitgebracht.

Die Weißwurst prägt bekanntlich München, der Christstollen Dresden. Das soll aber nicht heißen, dass wir in Leipzig nicht so einen Stollen hinkriegen!

Kennen Sie übrigens den gravierendsten Unterschied zwischen Dresden und Leipzig? Nein? Also: Der Leipziger kann sich dresden (trösten), aber der Dresdner kann sich nicht leipzigern... Awwr das wolld'ch gar nich erzähln...

Die Christstollen jedenfalls werden in alle Welt versandt und sorgen dafür, dass zur Weihnachtszeit auch in Melbourne oder Toronto der Zeiger der Personenwaage vorwärts springt. Begehrt und beliebt ist dieses duftende Weihnachtsgebäck besonders von der Konditorei CORSO. Mein Freund Henry Bamberger aus Los Angeles, der in Leipzig groß geworden ist und damals noch Heinrich hieß, schenkt, getreu der Tradition seiner Eltern, zu jedem Weihnachtsfest seinen Verwandten und Freunden einen Stollen. Aus der Leipziger Brüderstraße gehen für Henry die Stollen in alle Welt. Das Exemplar für meine Frau und mich legt dabei – vom Zentrum in den Leipziger Süden – die kürzeste Strecke zurück...

Die Messestädter pflegen natürlich auch die Kochkunst. Ein Gericht hat in Deutschland längst die Runde gemacht: das Leipziger Allerlei. Seit zweihundert Jahren wird es schon gelöffelt. Eine Zutat ist hier allerdings nicht mehr zu finden: Krebse. Deren Schwänze würzten die Suppe. In vielen Wasserläufen der Stadt krochen Krebse noch bis in die zwanziger Jahre des letzten Jahrhunderts in erklecklicher Anzahl herum. Der edle Eintopf stand vor allem von Mai bis September auf dem Speiseplan. Wichtig für die Zubereitung war und ist frisches Gemüse. Vom Gartenbeet direkt in den Kochtopf. Das Allerlei hat seinen Namen davon, dass tatsächlich allerlei Gemüse in der Suppe schwimmt: Möhren, Kohlrabi, Erbsen, Bohnen, Blumenkohl und Spargel. Letzteres war zu DDR-Zeiten Mangelgemüse, sehr selten zu haben und deshalb fehlte es meistens.

Echtes »Allerlei« muss frisch sein, das Gemüse wird getrennt gedünstet, erst im Teller zur Boullion gegeben und mit Petersilie bestreut.

Ein besonderes Urleipziger Getränk sei nicht vergessen: die

Gose. Hierbei handelt es sich um ein helles obergäriges Bier, das aus Weizen, Gerste und Hopfen gebraut wird und seinen Namen der Stadt Goslar verdankt. Vor dem Krieg gab es in Leipzig viele Gosestuben. Danach bloß noch zwei, drei. In der DDR produzierte die Brauerei Wurzler das Kultgetränk noch bis 1966. Dann war Schluss. Auch mit der Brauerei. Der Sozialismus musste ohne Gose aufgebaut werden.

Ein Leipziger Gastronom nahm sich in den achtziger Jahren der Sache an, und seit 1986 wird in der Gohliser Gosenschenke »Ohne Bedenken« an einem historischen Ort wieder die »driehwe Briehe« (trübe Brühe) gesüffelt. Ich sag's Ihnen ehrlich: Mein Fall ist es nicht, aber manche schwören auf das durstlöschende, säuerlich schmeckende, goldig helle Getränk. Im ehemaligen Bayrischen Bahnhof gibt es seit dem Jahr 2000 sogar ein Gasthaus mit Gosebrauerei.

Man sagt, dass Gose auch die Verdauung anregt. Mitunter vielleicht etwas zu sehr. Deshalb warnte der Leipziger Dialektdichter Edwin Bormann:

»Wennste probst der Gose Saft,
Wappne dich mit Heldenkraft,
Denn du weeßt nich, werd dei Magen,
Ja und Amen dazu sagen?
Drum bevor de rechde Hand,
Noch ums Stengelglas sich wand,
Leg aus Vorsicht deine Linke,
Uf de Stuwendiereklinke.«

Aber wenn Sie mich fragen, was denn nun in Leipzig am meisten getrunken wird: natürlich richtiges Bier!

Und seit 1990 viel mehr Wein, denn vorher hatten wir zu Hause – je nach Angebotslage – entweder eine Flasche trockenen Wein aus Ungarn oder Bulgarien oder eben keinen. Nun können wir die Welt der edlen Tropfen in ihrer Vielfalt kennenlernen.

Wir Leipziger trinken nicht einfach Bier oder Wein, sondern wir genießen »ä scheenes Bier« oder »ä scheenes Glas Wein«.

Wir machen es uns überhaupt gerne »scheen«.

Und damit wären wir bei unserem Dialekt, der ja im Text schon da und dort aufblitzte.

Aber der ist so grandios – der hat ein eigenes Kapitel verdient!

Der Dialekt

Wer noch nicht in Sachsen war, glaubt vielleicht, dass dort überall jenes Sächsisch gesprochen wird, das man von Eberhard Cohrs, Wolfgang Stumph, Uwe Steimle oder Tom Pauls kennt. Mitnichten. Unser Dialekt ist mannigfaltig. Es gibt im Freistaat unglaublich viele Varianten. Schließlich gehören auch das Vogtland, das Erzgebirge und die Lausitz zu Sachsen. Zwischen Dresden und Plauen liegen sprachliche Welten! Im »Kleinen sächsischen Wörterbuch« stellt der Leipziger Sprachwissenschaftler Gunter Bergmann fest, dass es in unseren Breiten 21 verschiedene Mundartlandschaften gibt.

Als ich nach Leipzig kam, habe ich mich schnell in das hier gebräuchliche Sächsisch eingehört, wobei ich eine Reihe neuer Wörter kennenlernte, die in meinem Sprachschatz bislang nicht vorkamen. Ein sehr bekannter Mann hat sich genau 200 Jahre vor mir viel mehr gewundert als ich: »Gleicherweise wird hier das Ü häufig wie I ausgesprochen, wodurch nicht weniger die schändlichsten Missverständnisse veranlasst werden. So habe ich nicht selten statt Küstenbewohner – Kistenbewohner, statt Türstück – Tierstück, statt gründlich – grindlich, statt Trübe – Triebe und statt Ihr müsst – Ihr misst vernehmen müssen, nicht ohne Anwandlung von einigem Lachen... So wird auch hier das G und K häufig miteinander verwechselt und statt G – K und statt K – G gesprochen...«

Der Deutschen größter Dichter schrieb's, Goethe persönlich. Überliefert hat es uns sein treuer Diener Eckermann.

Dass sich Johann Wolfgang von Goethe über Dialekt-Feinheiten amüsiert, ist wiederum kurios, denn man sagt, dass er, als er zum Studium nach Leipzig kam, stark hessisch gebabbelt habe. Sein Vater hatte ihn nicht nur hierhergeschickt, damit er sich bilde, sondern auch damit er sich einer feineren Aussprache befleißige. Im 18. Jahrhundert fuhr man unter anderem nach Leipzig, um gutes Deutsch zu lernen. Sächsisch als Ausdruck von Noblesse – auch wenn das heute wahrlich schwer vorstellbar ist...

Sächsisch galt eine Zeit lang als die Hochsprache schlechthin, denn schließlich hat Martin Luther die Bibel ins »Meißner Kanzleideutsch«, also quasi ins Sächsische übersetzt.

In der Literatur finden sich immer wieder Belege, dass in der Lindenstadt das schönste Deutsch geredet wird. Bis die Preußen im Siebenjährigen Krieg über die Sachsen triumphierten und die Sprache der Verlierer »verhohnebiebelten«, sie regelrecht verhöhnten.

Zwischen Halle und Leipzig verläuft nicht nur die Grenze des Freistaats, auch in Bezug auf das gesprochene Wort liegen Welten zwischen beiden Städten. In Halle, das zwar nur 40 Kilometer von Leipzig entfernt ist, benutzt man als Schimpfwort schon den Berliner Ausdruck Piefke als »Biefge« für einen Angeber, was einem Leipziger nicht mal im Traum einfiele. Daran merkt man, dass Halle eben auch 40 Kilometer näher an Berlin liegt. Sogar das hauptstädtische J für G ist schon zu hören. So beschimpft man in Halle ein unsympathisches Mädchen als »Bleede Jans«. Sagt auch »jrasjrien«. In Leipzig sieht der Apfel dagegen nach wie vor »grasgrien« aus.

Zwischen Dresden und Leipzig gibt es solche gravierenden

Unterschiede nicht. Die Substanz ist ähnlich. Es gibt Feinheiten. Wenn ein Leipziger zum Beispiel einen Dresdner fragt, ob man dort immer noch zur Bestätigung »Nu, nu«, sagt, so wird er garantiert antworten: »Nu, nu.«

Fragt dagegen ein Dresdner einen Leipziger, ob statt des abwehrenden »Ach wo!« in Messestadt immer noch »Ächa« verwendet wird, so antwortet der: »Ächa.«

Der gravierendste Unterschied liegt im Klang. Manch Leipziger sagt: »Die Dräsdner sing'.« Kein Dresdner würde das zugeben. Die würden das eher den Leipzigern unterschieben. Vielleicht ist letztlich diese melodische Basis einer der Gründe für die zwei weltberühmten Knabenchöre?

Was jedenfalls die Verwendung von K und G anbelangt, gebe ich Goethe recht. Ich habe schon mehrmals gehört, dass Leipziger ihr Auto in die »Karage« gefahren haben. Wenn bei uns ein stimmhafter Konsonant auftaucht, dann meistens an der falschen Stelle.

Aber viel öfter ist natürlich G statt K im Gespräch zu hören, denn die nackte Wahrheit ist:

Gaisers Garle gonnde geene Gimmlgörner gauen,

awwr Gäsegeilchn gonndor gadschn.

Eigentlich müssten Sie sich nun alles übersetzen können – bis auf »gadschn«. Das bedeutet so viel wie »schmatzend kauen«.

Leider sind solch schöne Sprüche heute kaum noch zu hören, weil der Leipziger Dialekt unter der Jugend auf dem Rückzug ist. Am ehesten ist er bei den Alten, bei Verkäuferinnen, Taxifahrern, Handwerkern, Arbeitern oder auf Kleinkunstbühnen zu finden, um damit ein soziales Milieu zu charakterisieren.

Seit dem Wechsel des Systems ist der Dialekt auf dem Rückzug. Das hat meiner Meinung nach mit den Neu-Leipzigern zu tun. Plötzlich tauchten in unseren Kindergärten, Schulen und an der Universität überall Hochdeutsch sprechende Wesen auf. Sachsen sind Meister in der Anpassung.

Und mit einem Mal merkte ich, dass mein an der Uni studierender Sohn, mein eigen Fleisch und Blut, kein Sächsisch mehr sprach. Leichte Färbungen waren noch herauszuhören, aber meine Enkel sprechen längst klares Hochdeutsch.

Mitten in Leipzig. Ich kam mir vor wie in der Fremde.

Sehr schnell begriffen viele junge Sachsen, dass bei einer deutschlandweiten Karriere der Dialekt eventuell ein Bremsklotz ist. Einige Arbeitgeber aus den alten Ländern mit überregionalem Wirkungskreis wurden gar deutlicher: Sächsisch wurde von ihnen als Kündigungsgrund avisiert. Ist alles passiert. Dabei bestätigten mir viele Bewohner der alten Länder, dass unser Dialekt viel besser zu verstehen ist als beispielsweise Schwäbisch oder Bayrisch. Als ich mit meinem Kabarettkollegen Gunter Böhnke mit einem sächsischen Programm in München gastierte, hatten die Bayern unglaublichen Spaß daran, und eine Frau meinte: »Sächsisch kann ja direkt charmant klingen.« Von wegen – Sächsisch ist angeblich in den alten Ländern der unbeliebteste Dialekt!

Manfred Krug, der bekannte Schauspieler und Sänger, lebte als Kind mit seinem Vater einige Zeit in der Messestadt. Der war oft nicht zu Hause. In seinem Buch »Mein schönes Leben« beschreibt Krug, wie Frau Zschoche, die Vermieterin, bei Stromsperre ins Zimmer kam und ihm bei Kerzenlicht aus Karl-May-Büchern vorgelesen hat. »Alles in zartem Sächsisch...«

Frau Zschoche weist den kleinen Manfred darauf hin, dass dies gut zu Karl May passen würde. Damit hat sie natürlich recht, schließlich war der Autor Sachse. Nietzsche übrigens auch. Da sehen Sie die ganze Spanne sächsischen Daseins – zwischen Winnetou und Zarathustra.

Nun werden Nichtsachsen fragen: »Gibt's denn ›zartes Sächsisch‹?«

Aber ja! Sächsisch kann sogar poetisch klingen. Die von uns so verehrte Mundartdichterin Lene Voigt hat das in Perfektion beherrscht. Natürlich ist es – wie überall – wichtig, wer es spricht. Jeden Dialekt kann man brutal und denunzierend artikulieren.

Das Sächsische ist außerdem eine effiziente Sprache. Es gibt kaum stimmhafte Konsonanten, und ein paar Vokale verschwinden: Deshalb ist unser Alphabet auch kürzer.

Ein Wort kann unter Umständen Synonym sein für mehrere hochdeutsche Substantive. Nehmen wir mal – Fliesche. Das können alte Flüche sein wie »Sabberlot«. Also »alde Fliesche aus dem Middlalder«. Das kann aber auch eine alte Fliege sein, die längere Zeit gelebt hat. »Eene alde Fliesche.« Und das können alte Pflüge sein, die nur im Landwirtschaftsmuseum zu besichtigen sind: »Alde Fliesche«.

So vieldeutig ist unsre Sprache.

Wörter werden von den Einheimischen oft zusammengezogen. So ermahnt mich meine Frau zum Beispiel bei Küchenarbeiten »Schneid'chnich!« und meint damit »Schneide dich nicht!«. Oder wenn einem Angeber ein Missgeschick passiert ist, ein raffgieriger Mensch auch mal einen materiellen Verlust erlitten hat, dann sagt der Leipziger mit einem leichten Gefühl von Schadenfreude: »Dasschaddngarnischd!« Also: »Das schadet ihm gar nichts!«

Auch außergewöhnliche Wortbildungen gibt es: Als ich kürzlich in einer Buchhandlung war, weil ich einige Bücher signieren sollte, sah die Mitarbeiterin von Weitem nicht, ob der Bücherstapel eingeschweißt oder schon von der Folie befreit war. Deshalb fragte sie ihre Kollegin: »Sinn das noch zue?«

Der Sachse gilt ja bekanntlich als vigilant (sächs.: fischeland), also als schlau, aufgeweckt und findig. Deshalb gehört zu seinem geschäftigen Wesen, dass er unentwegt etwas »macht«. Er macht »off Arweed«, »in de Schdadd«, »in Gardn«, und wenn er in der Kneipe genug hat, dann »machd er heeme«.

Bis 1989 ist so mancher Leipziger »niewwergemachd«. Also in den Westen.

Und wenn einer zu langsam ist, sich ewig nicht »ausmährd«, dann wird nachdrücklich gefordert: »Nu, mache hin!«

Ernst von Wolzogen beklagte die manchmal übertriebene Wissbegier des Sachsen:

»Schwärmst du von heimlichen Gestaden
Brillt er: ›Da mach'n mer ooch noch hin!‹«

Ins Theater oder Konzert »macht« er allerdings nicht. Das verbietet der Respekt vor der hehren Kunst. Dahin geht er.

Nach »machen« kommt gleich »tun«.

Informiert ein Leipziger über einen Gegenstand, den er weglegt, dann sagt er: »Ich duh das mal hierher!« Er »duhd« unentwegt »duhn«.

Die Psychologin Susanne Gaus-Beyer, Mitarbeiterin in einer Freien Schule, schrieb: »Allein in den Dialekten lassen sich noch Parallelen zu Fremdsprachen erkennen, die beim Hochdeutschen verloren gegangen sind. Das erleichtert das Lernen.« Und sie verweist auf das sächsische »duhn« und »to do« im Englischen. Da fiel mir sofort unser Ausdruck für etwas Unvorhergesehenes ein: »Ach, du griene Neine!«

Green und nine – schon wieder Englisch. Zu Feuer sagen wir »Feier« (fire). Und es gibt auch »Heed« für Kopf (head). Sprachliche Berührungen zwischen Sachsen und Angelsachsen sind nicht selten.

Nach Ansicht der Psychologin haben Kinder, die den Dialekt neben dem Hochdeutschen pflegen, den Vorzug der Zweisprachigkeit.

Hoffentlich machen sich das meine Enkel Friedrich und Levi noch zu eigen und rufen eines Tages auch mal nach ihrem »Ohbah«, der nur noch der »Opa« ist. Mit einem ganz »harten b«.

Die ausgeprägte Aktivität des Leipzigers im Alltag zeigt sich sogar beim Aufräumen. Wenn er sich von etwas trennt, übertreibt er den Sinn dieser Tätigkeit wiederum in seinen Ausdrücken und wird die Sachen »weghauen«, »wegschmeißen«, »wegdonnern«, »wegfaggn« oder »wegpfeffern«. Das klingt so, als flöge alles brutal durch die Gegend, aber dadurch will er letztlich nur zeigen, dass er mit Schwung bei der Sache ist. Ein dynamischer Typ eben.

»Rubbn« ist in unserer Region ebenfalls sehr beliebt. Wird ein Haus abgerissen, dann wird es »weggerubbd«, die Straße dagegen wird »offgerubbd«, die Haare wurden »rausgerubbd«.

Natürlich kennt die Leipziger Mundart auch einige Begriffe, die einzigartig sind. Als Beispiel nenne ich das legendäre »Mohdschägiebchn« für Marienkäfer – kein Mensch kann erklären, wie dieses Wort zustande kam. Ein »Luhmich« ist ein betrügerischer oder undurchsichtiger Typ – vor denen sind wir auch in der Messestadt nicht gefeit. Eine »Hornßche« ist eine Bruchbude, eine ungemütliche Wohnung. Damit wurde nach 1989 zum Glück ordentlich aufgeräumt. Eine »Färnßche« dagegen ist eine ungewöhnliche Bezeichnung für den Kopf, und mit diesem Begriff kann außerhalb unserer Stadt auch in Sachsen kaum jemand etwas anfangen.

Wer von einer bestimmten Sache etwas versteht, der ist ein »Gohglich«. Wenn Sie ein besonderes Hobby haben, also beispielsweise Briefmarken sammeln, dann sind Sie ein »Briefmarkengohglich«.

Schließlich beschenkte mich Leipzig mit dem schönen Wort »Gwadderaddaddsch«, mit dem man den ganzen Unsinn beschreibt, der einem im Leben begegnet.

Beim Entziffern dieser Wörter zeigt sich, Sächsisch ist zwar gut zu verstehen, aber schlecht zu lesen. Damit haben selbst Einheimische Probleme. Wichtigste Regel ist das Lautlesen – dann entschlüsselt sich der Sinn am schnellsten.

Was die immer mal wieder auftauchenden Vorbehalte gegen unseren Dialekt in bestimmten Medien anbelangt, so bin ich überzeugt: Kein Mensch würde etwas gegen Sächsisch sagen, wenn Sachsen in der alten Bundesrepublik gelegen hätte, aber wo die Russen waren...die Kommunisten...die Stasi..., das kann man natürlich nicht so durchgehen lassen!

Außerdem waren bei den Grenz- und Zollorganen die Sachsen überproportional vertreten, hatten die drei sächsischen Bezirke doch die meisten Einwohner in der DDR. Deshalb klingt manchem Sächsisch noch unangenehm im Ohr. Dabei war es der subversivste Dialekt in der DDR. Nirgendwo klang die bedeutendste Losung des Landes so doppelbödig wie bei uns: »Dähr Sozialismus siechd.«

Belächelt wurde dieser Dialekt natürlich nicht erst in der DDR. Schon vor dem Zweiten Weltkrieg amüsierte man sich darüber, obwohl der Humor dieses Landstrichs in ganz Deutschland außerordentlich gefragt war. Man spricht von über dreihundert sächsischen Komikern, die in den zwanziger Jahren zwischen Königsberg und München, Hamburg und Zwickau über die Brettlbühnen tingelten.

Die fehlende Differenzierung der Konsonanten war wohl auch einer der Gründe, die den Gauleiter Mutschmann in der NS-Zeit veranlasst haben, unseren Dialekt von den Kleinkunstbühnen zu verbannen. Die Bücher der sächsischen Mundartikone Lene Voigt wurden 1936 sogar verboten.

Alle kernigen und markigen Sätze der damaligen Herrscher wurden im Sächsischen zu Butter. In den Augen der Nazis diskriminierte vermutlich unser Dialekt ihr Pathos. Außerdem lassen sich auf Sächsisch auch keine Befehle geben. Wie hört sich das an: »Gommbanie gährd!«

Die Leipziger Sprache, die ist schon etwas ganz besonderes. Ein Fachmann wie Hans Rothe schrieb 1930 im »Querschnitt« – für mich die beste Zeitschrift, die es in Deutschland gegeben hat und die im Berliner Propyläen Verlag erschienen ist – ein »Lob Leipzigs«. Über unseren Dialekt sagt er dort: »Selbst die Sprache hat hier eine Färbung angenommen, die erhaben ist über alles, was man gemeinhin sächsischen Dialekt nennt. Dialekt ist nur ein anderer Ausdruck für Geistesrichtung, das tiefe Merkmal des Leipzigers ist Selbstironie, und darauf hat er seine Sprache aufgebaut, die kein Landfremder je nachzuahmen vermag. Denn Selbstironie bedeutet eine so hohe Stufe der Zivilisation, dass man sie bei Landfremden eben nicht voraussetzen kann.«

Präziser geht's nicht!

Häuser im Wandel

Nicht nur Menschen, auch Gebäude haben ihre Schicksale. Was manche Leipziger Häuser erzählen könnten, wenn sie erzählen könnten...da gäbe es wahrlich genügend Stoff. Schließlich wurden viele unterm Kaiser gebaut, erlebten die Weimarer Republik, zwei Diktaturen, und am Ende des 20. Jahrhunderts wurde ihr Innenleben im vereinigten Deutschland wieder total umgekrempelt.

Leipzig besitzt – nach dem Reichstag in Berlin – das wichtigste Gebäude des Wilhelminischen Kaiserreiches: das Reichsgericht. Ein imposanter Bau, dessen grün oxydierte Kuppel weithin sichtbar ist, zumal sie noch durch eine Fackel tragende Frauengestalt, die »Wahrheit«, gekrönt wird. Die Wahrheit ist eben weiblich.

Der Komplex ist nun nach Rekonstruktion und Renovierung als bauliches Gesamtkunstwerk wieder erlebbar.

Reichstag und Reichsgericht standen einst in enger Beziehung: Am 27. Februar 1933 war das Gebäude in Berlin in Flammen aufgegangen, am 21. September 1933 standen die angeblichen kommunistischen Täter in Leipzig vor Gericht. Während der Holländer Marinus van der Lubbe verurteilt wurde, brachte der ebenfalls angeklagte Mitbegründer der Bulgarischen Kommunistischen Partei, Georgi Dimitroff, den damaligen Reichstagspräsidenten Hermann Göring in schwere Bedrängnis, als dieser in den Zeugenstand trat. Dimitroff und seine Genossen wurden freigesprochen.

Die DDR widmete 1952 das ehemalige Reichsgericht zum Georgi-Dimitroff-Museum um, den größten Teil des Gebäudes nutzte jedoch das Museum der bildenden Künste, dessen ursprüngliches Domizil auch zu den Kriegsverlusten gehörte. Nun hätte die gesamtdeutsche Regierung 1990 beschließen können, dass nach der Wiedervereinigung das oberste deutsche Gericht, also der Bundesgerichtshof, nach Leipzig zieht. Das war auch im Gespräch, aber die Damen und Herren, das ist kein Geheimnis, mochten Karlsruhe nicht verlassen. (Wenn sie heute nach Leipzig kämen, bedauerten sie das vielleicht…) So wurde festgeschrieben, das für Streitigkeiten mit Behörden zuständige Bundesverwaltungsgericht von Berlin nach Leipzig zu verlegen. Und da ist ja auch genügend anhängig… Seit Kurzem hat die Institution die erste Chefin in ihrer Geschichte: Marion Eckertz-Höfer.

Nicht minder interessant ist die wechselnde Nutzung eines anderen Gebäudes: nämlich des Hauses der Leipziger Feuerversicherungsanstalt, das 1913 nach Plänen der bekannten Architekten Weidenbach und Tschammer am Dittrichring 24 errichtet wurde. Da fällt mir gleich eine Anekdote unseres originellen und volksverbundenen letzten sächsischen Königs ein. Er weilte in Leipzig, und es wurden ihm zwei hohe Beamte der Feuerwehr vorgestellt, ein Ober- und ein Unterbrandinspektor oder so ähnlich. Ihm waren die Titel jedenfalls zu kompliziert, und deshalb begrüßte er die beiden salopp »Na, ihr aldn Gohklfritzn?«

Da hieß es für die beiden, die Contenance zu wahren!

Das Haus am Dittrichring jedenfalls wurde ein Jahr vor dem ersten großen Weltbrand eingeweiht, in der Nazizeit sollen einige Räume von der Gestapo genutzt worden sein, und nach dem Zweiten Weltkrieg, den es im Gegensatz zu vielen Gebäuden ringsum gut überstand (als hätte der Gott des Feuers seine schützende Hand über das Dach gelegt), wurde es zum Hauptquartier der amerikanischen Militärregierung. Am 2. Juli 1945 marschierte dann die Sowjetarmee in die Stadt ein. Man sagt, dass nun im Haus auch der NKWD residiert habe. Fünf Jahre später schon diente es einem ähnlichen Zweck, denn im Jahr 1950 zog dort die Bezirksverwaltung des Ministeriums für Staatssicherheit ein.

Es war dadurch mit einem Schlag das ungeliebteste Haus in unsrer Stadt; kein Leipziger hatte noch einen Blick übrig für die interessante Architektur. Mit Unbehagen lief man dort vorbei, manch einer hat vielleicht sogar seine Schritte beschleunigt, schielte zu dem uniformierten Wachposten, sah, wie Männer in Zivil vor dem einen Ausweis zückten und passieren konnten. Vom Volk wurde das Gebäude wegen seiner Architektur die »Runde Ecke« genannt. Ein Widerspruch in sich, aber an jener Stelle zur Tatsache geworden.

Kein Mensch in der DDR hätte sich vorstellen können, dass der Platz vor jener ungeliebten Ecke einmal unter Denkmalsschutz stehen würde! Ja, zur unangenehmen Erinnerung ist alles so geblieben: die desolate, brüchige Fläche selbst, die alten Peitschenlampen und die Kameras. Nie habe ich zu DDR-Zeiten die Reliefs neben dem Eingang wahrgenommen. Da schaute man einfach nicht hin. Nun zeigen sich im Sandstein zwei Papageien (sehr passend für die plappernden IM!), ein Anker, andere Vögel und der Merkurstab.

In den Herbsttagen 1989 war die Situation vor dem Gebäude besonders kritisch. Die Demonstranten riefen: »Stasi in die Volkswirtschaft!« Dazu kam es aber nicht mehr, denn nach der friedlichen Besetzung am 4. Dezember 1989 dauerte es nicht lange, und die Stasi landete in der Marktwirtschaft. Das hätte sich niemand träumen lassen.

Heute befindet sich im ehemaligen Stasi-Domizil eine Institution, die sich die Demonstranten von 1989 erstritten haben. Der Name ist etwas umständlich, aber das schmälert das Anliegen nicht: Die Bundesbeauftragte für die Unterlagen des Staatssicherheitsdienstes der ehemaligen DDR. Für das Museum, das unter dem treffenden Titel »Stasi – Macht und Banalität« den Irrwitz eines DDR-Ministeriums dokumentiert, ist das Bürgerkomitee Leipzig e.V. zuständig. Zeitgeschichte wird in Originalräumen erfahrbar. Da steht die Limonadenflasche der Sorte Karena vor dem Honecker-Bild. Man sieht die Uniformen, die perversen Geruchskonserven (gelbe Tücher in Einweckgläsern) von observierten »Feinden«, den Reißwolf, der sich durch die Aktenberge fraß und auch Kollermaschine genannt wird. Sogar eine Maskierungswerkstatt nannten die Mitarbeiter ihr Eigen und konnten dort ihr Äußeres operettenhaft verändern.

Auch der fahrbare Inspektionsspiegel für die Kontrolle von Fahrzeugen fehlt nicht. Denn bei der Sicherheit entwickelte das System kurioserweise viel Phantasie. Und ob Sie es glauben oder nicht, es riecht in diesen Räumen anhaltend nach der Tristesse der DDR mit dem speziellen Odeur des ostdeutschen Geheimdienstes.

Gleich gegenüber der »Runden Ecke« fällt ein mächtiges Gebäude auf, das vom Architekten Anton Käppler entworfen und 1908 eingeweiht wurde. Es war seinerzeit der Sitz der Alten Leipziger Versicherungs-Gesellschaft. DDR-Bürger, die nach und nach zu runden Geburtstagen ihrer Verwandten in den Westen reisen durften, wunderten sich, als sie plötzlich auf dem Frankfurter Hauptbahnhof eine Leuchtschrift »Alte Leipziger« lasen. In der Messestadt selbst kannten nur alte Leipziger diese Institution, denn der Gesellschaft wurde 1945 die Tätigkeit im Osten untersagt. Inzwischen ist sie längst wieder in unserer Stadt präsent.

Ab 1937 wurde das Haus Sitz der Dresdner Bank, die es natürlich nach Kriegsende abgeben musste. Das imposante Gebäude hieß zu DDR-Zeiten »Haus der Deutsch-Sowjetischen-Freundschaft«. Dort wurde also unentwegt die Freundschaft mit der UdSSR gepflegt, gab es Vorträge, literarisch-musikalische Veranstaltungen, Plaudereien am Samowar; ein hauseigenes Gesangs- und Tanzensemble trällerte und wirbelte durch die Räume, in denen früher Versicherungen abgeschlossen worden waren. Im Haus richtete man sogar ein Kabinett für sowjetische Arbeitserfahrungen und Neuerungen ein, aber glauben Sie ja nicht, die Leipziger hätten dort Schlange gestanden... Die meisten haben nicht einmal von der Existenz des Kabinetts gewusst!

Wer heute dieses Haus betritt, kann wieder Musik und Gesang aus den Räumen hören, denn seit 2002 gehört der stattliche Bau zur Hochschule für Musik und Theater Felix Mendelssohn Bartholdy. Eine bessere Nutzung kann ich mir für eine ehemalige Bank gar nicht vorstellen.

Das Gebäude der Dresdner Bank in der Goethestraße hat ebenfalls ein wechselvolles Schicksal. Der repräsentative Bau nach Entwürfen von Martin Dülfer wurde 1911 bezogen. Die Dresdner Bank war Hausbank für viele jüdische Großunternehmen der Rauchwarenwirtschaft. Nach der Machtergreifung der Nazis beteiligte sich das Geldinstitut dann an der Arisierung. Viele seiner besten Kunden und leitende jüdische Mitarbeiter mussten aus Leipzig fliehen.

Nach dem Krieg residierte im Haus die Sächsische Akademie der Wissenschaften. Die schöne Kuppelhalle, deren Notdach kein Licht mehr in den prachtvollen Raum ließ, wurde von der Karl-Marx-Universität genutzt, war zeitweise Lesesaal, Messecafé und verkam später als Lager- und Abstellraum. Nach vielen Querelen übernahm schließlich die benachbarte Franz-Mehring-Buchhandlung dieses architektonische Kleinod, sanierte die Halle und eröffnete an diesem Ort die originellste und repräsentativste Buchhandlung der Stadt.

Nach dem legendären Herbst von 1989 wendete sich das Blatt zugunsten der Bank, sie residiert seither wieder in dem Gebäude.

Von der Dresdner Bank zum Dresdner Hof. Das gleichnamige Messehaus wurde von dem Architekten Leopold Stentzler entworfen und 1913 am Neumarkt / Ecke Kupfergasse eingeweiht. Ein Riesenkomplex, wegen des Baus wurden damals elf Gebäude abgerissen, darunter jenes »Dresdner Hof« genannte Gasthaus, das dem Messehaus den Namen gab. Im Erdgeschoss errichtete die Naumann-Brauerei eine große Bier- und Speisewirtschaft, in der auch getanzt und musiziert wurde. Etwa 1000 Amüsierwillige fanden dort Platz. Als ich in den sechziger Jahren in Leipzig studierte, hielt ich mich in jenem Saal – der mittags und abends als Mensa diente – oft auf, weil es dort gutes und billiges Essen gab. Warum die Mensa nach dem sowjetischen Parteifunktionär Kalinin benannt wurde, ist mir ein Rätsel. Was hatte Kalinin mit Bratkartoffeln und Beefsteak zu tun?

1928 entstand im Keller dieses Komplexes eine Empfangshalle mit diversen Service-Einrichtungen, hervorragend gestaltet von Walter Gruner. Eine Perle der seltenen Innenarchitektur des Art déco. Vergleichbares ist in Deutschland zu suchen. Und dort spielte auch in den Sechzigern das Studentenkabarett »academixer«, zu dessen Gründern ich gehöre. Damals war nicht daran zu denken, dass wir 1980 in jenem stilvollen Raum unser eigenes Kabarett-Theater einweihen würden, in dem ich heute noch auftrete. Selbst Dieter Hildebrandt staunte über die Brettlbühne, als er 1985 mit Werner Schneyder bei uns gastierte. Damals knisterte die Luft im Keller, und selbst bei solchen hartgesottenen Profis schlugen die Emotionen hoch. Auch das hat etwas mit der besonderen Situation in unserer Stadt vor der Wende zu tun, dass dieses Gastspiel der beiden im vorrevolutionären Leipzig überhaupt möglich wurde. Dieter Hildebrandt ist der Auftritt (ein zweiter fand im Kinosaal der Leipzig-Information statt) als der »Höhepunkt seines Berufslebens« in Erinnerung geblieben.

Wenn die Besucher heute die Treppe in den »academixer«-Keller hinabsteigen, wundern sich nicht wenige über die künstlerische Gestaltung der Wände. Von sozialistischem

Realismus keine Spur! Drei Absolventen der Hochschule für Grafik und Buchkunst, Heinz-Jürgen Böhme, Detlef Lieffertz und Manfred Küster, modellierten freche Skulpturen und würzten sie mit einem Schuss DADA. Mit ihrer Kunst haben die drei seinerzeit manchen Messebesucher aus dem Westen verblüfft.

In Umkehrung des einstigen trockenen Daseins befindet sich im ehemaligen Schreibraum des Messehauses eine urgemütliche holzgetäfelte Kneipe. Auch hier legten die drei Künstler Hand an. Sie stöberten auf dem Dachboden des Messehauses herum und entdeckten diverse Utensilien aus alten Zeiten, die für die Kneipengestaltung genutzt wurden. Selbst ein Porträt des letzten Wirtes von jenem »Dresdner Hof« schmückt eine Wand. Neben dem Stammtisch hängt eine Ahnengalerie großer deutscher Kabarettisten. Ab und an können Sie mich hier treffen, wenn ich mit meiner Kollegin Katrin Weber und dem swingenden Rainer-Vothel-Trio auf der Brettlbühne gestanden habe. Vielleicht sehen wir uns ja nach der nächsten Vorstellung…?

Bis 1993 dienten die 6000 Quadratmeter Ausstellungsfläche in den Stockwerken des Messehauses vor allem der pharmazeutischen und kosmetischen Industrie zur Präsentation. Wo früher über Parfümlieferungen verhandelt wurde, leben nun Bewohner einer Seniorenresidenz, die ebenfalls den Namen »Dresdner Hof« nutzt.

Wer noch etwas von der einstigen Messehaus-Atmosphäre spüren will, der sollte vom Neumarkt in den Lichthof des Gebäudes gehen. Hier strömten die Besucher aus aller Welt zu den Treppen oder zum Lift, informierten sich am Rezeptionsschalter, bewunderten die darüberhängende attraktive Uhr, auf deren Zifferblatt stilvoll der Name des Messehauses und das Leipziger Stadtwappen zu sehen sind. Nach einem Blick wusste der heraneilende Kaufmann, dass er zehn Minuten zu spät zum verabredeten Termin kommen würde. Und der Fahrstuhlführer winkte auch noch ab, weil der Aufzug hoffnungslos überfüllt war. Das Wort Stress kannte man damals zwar nicht, aber dem entsprach, was unser Mann gefühlt haben muss...

Nun kann man weiter durch die Passage gehen, und ehe man die Kupfergasse erreicht, entdeckt man in einigen Schaufenstern eine kleine Ausstellung diverser alter Schilder. Sie künden vom ehemaligen Messetreiben im Dresdner Hof. Wer präsentierte sich da nicht alles: Die Fabrik von Georg Schmidt für Kindernähmaschinen und Puppenbestecke, die Rafa-Werk A.G. informierte über ihre Puderquastenfabrik, während Albert Wallach aus Köln für seine Fensterlederzurichterei warb. Lang, lang ist's her.

Wenn ich von Häusern im Wandel erzähle, dann muss ich unbedingt ein Quartier außerhalb des Stadtzentrums nennen, dessen Veränderung besonders gewichtig ist. Seit 1884 gab es in Plagwitz die Leipziger Baumwollspinnerei, die in der Kaiserzeit Rohbaumwolle zum Teil sogar von eigenen Plantagen aus der damaligen Kolonie Deutsch-Ostafrika bezog. Vom Schwarzen Kontinent also direkt ins Sachsenland.

Der Betrieb war lange Zeit der größte seiner Art in Europa, in der DDR arbeiteten noch 4000 Menschen in der »Spinne«. Bis Anfang der neunziger Jahre wurden die Gebäude industriell genutzt – dann war es vorbei mit der Produktion.

Was sollte nun mit dem großen Gelände geschehen? Glücklicherweise war das einmal – selten genug! – die Stunde der Kunst. Durch ihre günstigen Mieten (schließlich ging es darum, überhaupt Nutzer zu finden) lockten die großen Räume Maler an. Galerien zogen nach. Leipzig boomte sowieso in Sachen Malerei.

Das hat natürlich alles eine Vorgeschichte. An der hiesigen Hochschule für Grafik und Buchkunst bildete sich vor allem durch Anregung der Professoren Heisig, Mattheuer und Tübke jene »Leipziger Schule« heraus, zu der unter anderen Künstler wie Wolfgang Peuker, Volker Stelzmann, Arno Rink, Ulrich Hachulla oder Sighard Gille gehörten. An diesen Begriff erinnerte man sich, als neue Absolventen auf sich aufmerksam machten. Bald erkundigten sich Kunstkenner nach der »New Leipzig School«. Namen wie Neo Rauch, Tim Eitel, Matthias Weischer, Tilo Baumgärtel oder Michael Triegel werden damit verbunden. Weltweit sind die Sammler inzwischen ganz versessen auf Kunst aus der Messestadt, und auf den internationalen Ausstellungen wird an den Ständen immer wieder gefragt: »Is he from Leipzig?« (Das heißt aber nicht, dass es allen etwa 1000 Künstlern in der Stadt glänzend geht!)

Heute wird Leipzig in einem Atemzug mit Kunstzentren wie New York und London genannt. Früher wäre das unvorstellbar gewesen, denn die Messestadt war in ihrer Geschichte nie eine Kunststadt, dieses Privileg beanspruchte immer Dresden. Doch nun ist Elbflorenz von Klein-Paris überrundet worden, und Galeristen aus aller Welt reisen in die »Spinne«.

Die Facharbeiterinnen, die im sozialistischen Wettbewerb um die Planerfüllung kämpften, hätten sich nicht träumen lassen, dass in ihren früheren Produktionsstätten einmal Maler und Galerien ihre Fäden spinnen.

Boomtown

Kommt heute jemand nach Leipzig, der die Stadt 1990 zum letzten Mal gesehen hat, dann kann er kaum glauben, dass er wirklich durch die ihm bekannten Straßen geht. Wären da nicht bestimmte historische Gebäude, an die er sich erinnert, wähnte er sich an einem anderen Ort und hätte Mühe, sich überhaupt zu orientieren. Es hatte also seinen Grund, warum die deutschen Medien nur noch von *Boomtown* sprachen.

Um zu verstehen, wie rasant sich das äußere Bild Leipzigs in wenigen Jahren verändert hat, ein Beispiel aus meinem Viertel. Ich lebe seit 1969 in der Südvorstadt von Leipzig. Bis zum Jahr 1980 lag unsere Wohnung ganz nahe am Schlachthof. Wenn wir das Fenster unseres Schlafzimmers bei Ostwind öffneten, roch es im Sommer manchmal nach Aas. Der schreckliche Gestank stammte von einem Knochenplatz. Dort wurden die tierischen Abfälle der ganzen Stadt gesammelt und irgendwann weitertransportiert.

Hauptlieferant war der unweit arbeitende Schlachthof mit dem schönen Namen VEB »Delicata«. Die Bausubstanz dieses Komplexes befand sich – wie sollte es anders sein – auch nicht gerade in erfreulichem Zustand.

Was diese Geschichte mit Boomtown zu tun hat?

Wer das Schlachthofgelände heute besucht, staunt, was daraus geworden ist. Die restaurierten gelben Klinkerbauten, die Stadtbaudirektor Hugo Licht in den achtziger Jahren des 19. Jahrhunderts entwarf, leuchten auch, wenn die Sonne nicht scheint. Sie sind in den neunziger Jahren des 20. Jahrhunderts in die Sendezentrale des Mitteldeutschen Rundfunks integriert worden. Die öffentlich-rechtliche Anstalt für Sachsen, Sachsen-Anhalt und Thüringen ist von der technischen Ausstattung her eine der modernsten in Europa.

Besonders auffällig auf dem MDR-Gelände ist ein Hochhaus, dessen gewölbte Fassade einem Bildschirm nachempfunden ist. (Damals war halt der Flachbildschirm noch nicht auf dem Markt.) Der Sitz des MDR entpuppt sich insgesamt als eine gelungene Synthese von Alt- und Neubauten, obwohl eine architektonisch interessante Rinderschlachthalle aus den dreißiger Jahren, die noch vom Stil des Bauhauses beeinflusst war, bei der Neugestaltung des Areals leider abgerissen wurde. Ohne bauliche Verluste war Boomtown wohl nicht zu kriegen.

Aber endlich war der Stillstand vorbei, wurde in dieser Stadt wieder gebaut. Das sozialistische System hatte in vierzig Friedensjahren hinreichend Gebäude ruiniert. Nicht umsonst scherzte der Volksmund in der DDR: »Ruinen schaffen – ohne Waffen!«

Dr. Wolfgang Hocquel, Chef des Amtes für Denkmalspflege, schrieb im Jahre 2000 in einem Sonderheft der »Leipziger Blätter« über den Zustand der Stadt: »Vierzig Jahre dogmatischer und zuletzt auch wirtschaftlich impotenter Baupolitik hatten nicht nur schlimme Wunden hinterlassen, sondern erwiesen sich im Ausmaß verheerender als die etwa fünfundzwanzigprozentige Zerstörung der Stadt im Zweiten Weltkrieg, die vor allem das Zentrum betroffen hat.«

Wie viel Kraft haben die Bewohner dieser Stadt – wie des Landes überhaupt – verbraucht, um im Angesicht der grauschwarzen bröckelnden Mauern ringsum trotzdem heitere Menschen zu sein...?

Als Schabowski den berühmten Zettel aus seinem Jackett fischte, leitete er damit auch die Rekonstruktion des Ostens und den größten Immobiliendeal in der Weltgeschichte ein. Während die Leipziger noch um den Ring marschierten, schritten die Immobilienhändler aus den alten Ländern schon ihre künftigen Claims ab. Zum bedeutendsten Buch, das jahrzehntelang unbeachtet im Regal verstaubt war, avancierte in Ostdeutschland das Grundbuch. Und ein Satz machte die Runde, der auf den Dresdner Schauspieler und Kabarettisten Uwe Steimle zurückgehen soll: »Die Einheit wird vollzogen sein, wenn der letzte Ossi im Grundbuch gelöscht ist.«

Aber was tun, wenn die Ostdeutschen kein Kapital hatten? Und wenn sie auf der Hitliste der Banken in Sachen Finanzkredite ziemlich weit unten, mitunter gar nicht auftauchten...

So kauften die Herren, die aus blitzenden Karossen stiegen und auf dem Weg zur Haustür im wehenden Mantel mit ihren – damals noch unhandlichen – Handys beeindruckten, Haus um Haus. Das am meisten gebrauchte Wort in jenen Tagen hieß *Quadratmeter*.

Mit dem Tag, an dem die D-Mark kam, wuchsen an den verlotterten Gebäuden die Gerüste empor. Immer mehr Kräne reckten sich in den Himmel, auch die Friedhofsruhe in den Baulücken im Zentrum war vorbei. Wo zu DDR-Zeiten an kahlen Mauern Leuchtreklamen geblinkt und ihre Botschaft in die stille Nacht gemorst hatten, um für Margonwasser (prickelnd frisch!), Rotkäppchen Sekt oder für die volkseigene Schuhindustrie zu werben, tummelten sich nun Bauarbeiter.

Schaute man vom Turm der Thomas- oder der Nikolaikirche auf die Stadt, glaubte man, dass sie einander berühren müssten bei ihrem Aufbau-Ballett, den vielen Drehungen, die sie vollführten. In welche Richtung man auch blickte – überall wurde gebaut.

Einer jener Herren im wehenden Mantel, von dem immer wieder in der Zeitung die Rede war, der dafür sorgen wollte, dass wir mit der wertvollen denkmalgeschützten, aber verrotteten Substanz bald aus dem Schneider wären, hieß auch so: Jürgen Schneider. Der große Investor.

Wo immer er auftauchte, wurde ein imaginärer roter Teppich ausgerollt. Vor dem makellosen Immobilienmakler aus Königstein im Taunus. Ein König, der Stein für Stein die alten Häuser in Top-Lagen rekonstruieren wollte. Alle Türen öffneten sich, ohne dass er eine Klinke anfassen musste.

Das tapfere Schneiderlein schaffte mehr als sieben auf einen Streich. Er kaufte und kaufte, und sein Foto wurde den Leipzigern bald vertraut. Das ist der feine Herr, der das Leipziger Zentrum rettet.

Doch schon recht bald stellte sich heraus: Nicht nur die Haare auf seinem Kopf waren falsch, auch so manche Zahl, die er den Geldgebern vorgegaukelt hatte. Am Schluss hatte er fünfzig Banken um 5,4 Milliarden D-Mark betrogen. Was für die meisten Menschen viel Geld ist, war für einen der geprellten Banker nur eine Kleinigkeit, er sprach von »peanuts«.

Gegenüber den Geldinstituten hielt sich das Mitleid der Bevölkerung ja auch in Grenzen. Die Kreditgeber waren auf den schönen Schein hereingefallen. Ein Handwerksmeister hätte bei einem Kreditantrag ganz andere Hürden überspringen müssen. Kriminell wurde es allerdings für etwa vierzig kleinere Leipziger Unternehmen. Ihre Existenz stand auf der Kippe. Die Stadt half. Die Banken sammelten inzwischen den Besitz des Ehepaars ein.

Nachdem die beiden Schneiders baden gegangen waren, gingen sie schwimmen. In Miami.

Bekommen hat er am Ende sechs Jahre und neun Monate. Im offenen Vollzug konnte er über Betrug und Urkundenfälschung nachdenken. Nach drei Jahren war er aber schon wieder ein freier Mann mit Bewährung für den Rest. Also: Sollten Sie mal vorhaben, einige Milliarden auf diese Weise... Dann wissen Sie, was Ihnen blüht.

Das Stadtmarketing warb in jener Zeit mit dem Slogan: »Leipzig kommt!«

Bewohner und Gäste stöhnten über das orgiastische Bauen, nicht nur in Schneiders Imperium. Das dominierende Schwarzgrau wurde Stück für Stück beseitigt. Leipzig war auf Jahre hinaus ein Ort der Gerüste und Geräusche. In der Tiefe wie in der Höhe wurde gewerkelt. Die Stadt bekam einen anderen Rhythmus. Überall wurde gebohrt und gehämmert, der Grund aufgewühlt, Lastwagen krochen aus Baugruben, rüttelten den Rest Erde auf den Straßen ab. Bagger holten die verschütteten Keller wieder ans Tageslicht. Das unterirdische Archiv der Stadt wurde geöffnet.

Den Bauherren wurde jedes Mal mulmig, wenn in einer Baugrube die ersten Scherben auftauchten. Da wussten sie, was ihnen blüht: Baustopp. Das kostete Zeit und Geld.

Mittelalterliche Latrinen leerte man nach Jahrhunderten. Sie gaben Auskunft über die Lebensgewohnheiten, den Speiseplan der Leipziger in jener Zeit. Teile von Geschirr, Glaswaren und Ofenkacheln wurden ans Licht befördert. Einer der Ausgräber erzählte mir, dass die holzumkleideten Kloaken tatsächlich auch heute noch stanken. Nach Jahrhunderten!

Und weiter ging die Rekonstruktion. In der Nachkriegszeit notdürftig gedeckte Dächer wurden in Angriff genommen, fehlende Giebel ergänzt. Viele Eckhäuser erhielten nun die Türmchen zurück, die man nach dem Krieg aus Kosten- und Materialgründen beim Wiederaufbau eingespart hatte. So wurde da und dort die alte Silhouette der Stadt neu erschaffen.

In einem Fall entstand sogar mehr, als jemals zu bewundern gewesen war... Bei einer Rekonstruktion nach der Bauzeichnung stellte sich später heraus, dass der Bauherr bereits um 1900 jenen – eben errichteten – Turm aus Kostengründen gestrichen hatte, der nun doch noch das Eckhaus zierte.

Aber wie immer brachte das Licht auch Schatten. Die Stadt

ließ sich in jenen aufregenden Zeiten zu manchem unnötigen Kniefall vor einem Investor hinreißen. Ein neuer Begriff machte die Runde: ENTKERNUNG. Und wenn der Kern fehlt, ist logischerweise nur die Schale übrig.

Von etlichen Gebäuden, die eigentlich unter Denkmalsschutz standen, blieb allein die Außenhaut. Die Fassade musste gewahrt werden; wie's drinnen aussah, ging niemanden was an!

Obwohl die sowjetischen Truppen gerade abgezogen waren, entstanden so im Zentrum plötzlich Potemkinsche Fassaden: Ob Specks Hof, Messehof, Barthels Hof, Klinger-Haus, die Sparkasse in Schiller- oder Hainstraße, Petershof oder Zentralmessepalast...: Was die Fliegerbomben des Zweiten Weltkriegs nicht geschafft hatten, gelang der Sprengkraft der D-Mark. Abreißen und neu bauen hat in unserer Stadt allerdings Tradition. Schon 1908 stand in der Zeitschrift »Leipziger«: »In Leipzig arbeitet die Spitzhacke jetzt rücksichtslos.« Damals wurden jene Gebäude weggerissen (auch wertvolle Substanz aus der Renaissance und dem Barock), die den Messepalästen Platz machen mussten. Und nun wurden diese Paläste neunzig Jahre später wiederum ihres Innenlebens beraubt. Auch ich musste lernen, dass Denkmalsschutz nichts für die Ewigkeit ist. Der Schutz gilt immer nur so lange, bis die verantwortliche Behörde Veränderungen zustimmt.

Manches Gebäude aus den Gründerjahren, in schlechtem Zustand, wurde ohne Zögern gleich ganz abgerissen. Der Besitzer schaffte es schon, dem Denkmalsschutz klarzumachen, dass es sich bei der Erhaltung eines solchen Bauwerkes um einen »unzumutbaren Aufwand« handelte. Im Prinzip war die ganze Wiedervereinigung ein »unzumutbarer Aufwand«. Und das wird sie auch noch eine Weile bleiben.

Diese Kosten für den Osten!

Aber denken jene Menschen in den alten Bundesländern, die den Finanztransfer in den Osten beklagen, jemals daran, welche Reparationen dieser Teil Deutschlands an die Sowjetunion zahlte? Ein Bremer Wirtschaftsexperte sprach von Billionen, die über die Jahre zusammenkamen. So gesehen hatte doch eigentlich nur der Osten den Krieg verloren... Von einem Marshall-Plan durfte man in diesem Teil Deutschlands nicht einmal träumen.

Um noch einmal auf die verlorenen Häuser zurückzukommen: Die Leipziger Wohnungs- und Baugesellschaft (LWB), und nicht nur sie, benutzt natürlich auch blumige Umschreibungen für den Abriss. Man spricht von »Rückbau« oder von »vom Markt nehmen«. Wenn man aber etwas abreißt, ist es weg. »Rückbau« ist ein Unwort an sich. Genau wie »vom Markt nehmen«. Es wird ja nie wieder auf den Markt gestellt. In die Lücken werden dann gern Bäume gepflanzt, wird Grün ausgesät.

Im Rathaus ging jedenfalls täglich die Angst um, ein Investor könnte von der Boomtown-Lokomotive »abspringen«. Also: sprang man jedem entgegen. Was der Finanzier beim Arbeitsessen als Erstes serviert bekam, war – ein Bückling. Wen kümmerte da im Einzelfall die Erhaltungssatzung, die gültiges Stadtrecht ist und die Wiederherstellung der Typik unserer Stadt fordert.

Die Herren Investoren haben an vielen Stellen in ganz Leipzig schnell gekaufte Grundstücke mit Allerweltssachen zugebaut, und einige Architekten haben auf diese Weise ihre Schubladen aufgeräumt. Kreissparkasse Gütersloh, dritter Aufguss.

Eines der positiven Beispiele sei allerdings besonders hervorgehoben: das Büro- und Geschäftshaus der Deutschen Treuhandgesellschaft KPMG. Wenn in dieser architektonischen Qualität überall die Lücken im Zentrum geschlossen worden wären – dann könnte Leipzig auch noch ein Mekka moderner Baukunst sein. In der Münzgasse / Ecke Beethovenstraße wurde inmitten erhalten gebliebener Gründerzeitarchitektur eine gläserne spitzwinklige Eckbebauung errichtet, deren Schönheit am Tag wie in der Nacht erstrahlt.

Was dagegen an anderen Stellen hochgezogen wurde... Eine runde Ecke nach der anderen entstand. Diese Bauzylinder nannte der Volksmund schnell die »Keksrollen des Aufschwungs«. Nur verbreiteten diese Rollen aus architektonischer Sicht leider wenig Genuss.

Deshalb schickten engagierte Leipziger Bürger – vom Arzt bis zum Künstler – einen offenen Brief an den Oberbürgermeister Wolfgang Tiefensee und meinten: »Der Charakter Leipzigs hat durch zweit- und drittklassige Architektur der Neubauten gelitten und nähert sich immer mehr dem Klischee westdeutscher Städte; doch unsere Stadt kann auf ihre gut erhaltene und restaurierte Altbausubstanz stolz sein, die sich glanzvoll präsentiert und bei Leipzig-Besuchern Hochachtung erfährt.«

Gerade wegen dieser Altbausubstanz schwärmen die Besucher aus Deutschland und der Welt von unserer Stadt. Langweilige Neubauten können sie schließlich auch zu Hause sehen.

Längst ist der größte Teil der 15 000 denkmalgeschützten Häuser in Leipzig wunderbar rekonstruiert, trotzdem verfallen derzeit etwa 2500. Und in einer Stadt, die so viele Kriegsschäden hatte, ist es um jedes historische Gebäude schade. Vor allem, wenn Bedeutsames – wie die Kleine Funkenburg oder das Henriette-Goldschmidt-Haus – geradlinigen Straßen geopfert wird.

Würden diese 2500 Häuser, die dringend saniert werden müssten, aber schlagartig instand gesetzt, stünde die Frage: Wer soll dort einziehen? Es wäre Platz für 60 000 Mieter! Der Leerstand beträgt jedoch schon gut 15 Prozent. Münchner zum Beispiel, die würden hier Wohnungen finden, die sie in München weder finden noch sich leisten können. Inzwischen wird sogar versucht, Rentner aus den alten Ländern in die Messestadt zu locken.

Doch auch daran sei erinnert: Die Bauleute in jenen Leipziger Bauboom-Zeiten wohnten teilweise in Containerlagern mit neun Betten pro Raum, drei übereinander. Dort schliefen Schwarz- und Weißarbeiter. Die Bauleiter und Handwerker wurden vom Termindruck durch die Tage gehetzt. Hin und wieder stürzte auch mal einer im Eifer des Gefechtes ab.

Und wofür die ganze Hetzerei? Damit der Bau anschließend leer stand.

Im Jahr 2000 konnte der Mietinteressent in der Stadt unter etwa einer Million Quadratmeter leerer Bürofläche wählen. Was sagt uns das? Hier waren wohl *Büromanen* am Werk, Leute, die Abschreibungsobjekte brauchten. Leipzig hatten sie schnell abgeschrieben.

Überholte und längst veraltete Konzepte wurden noch einmal in den Osten verkauft. So zum Beispiel auch die Einkaufstempel auf der grünen Wiese. Und als die fertig waren, stellte man erstaunt fest: »Die schaden unserer Innenstadt.«

In der neuen Zeit schwappte eine Welle der Parks über uns herein. Nun gibt es ja kaum etwas Schöneres als einen Park, aber hier zeigte sich die Pervertierung dieses Begriffs. Der Saalepark, das größte Einkaufszentrum Deutschlands, hat mit einem Park so viel zu tun wie ein Auspuff mit einem Bordell. Inzwischen heißt das Unternehmen Nova eventis. Da gibt es aber zur Sache nichts Neues zu vermelden, nur, dass sich alles noch größer und aufgemotzter auf dem freien Feld darstellt. Dann wuchsen auf diversen Rübenäckern noch der Sachsen-Park, der Pösna-Park und das Paunsdorf-Center. Die Kopplung von Dorf und Center fand ich besonders kurios.

Der Mann, der die Shopping Mall in den USA erfunden hat, hieß Gruen, ursprünglich Victor Grünbaum, ein aus Wien stammender Jude. Er wollte mit solch einem Einkaufszentrum der zersiedelten Gegend am Rande amerikanischer Großstädte ein Zentrum schaffen – für Begegnung, Kommunikation und Einkaufen. Ihm schwebte also etwas vor, was er aus seiner europäischen Heimat kannte. Gruen war zutiefst entsetzt, als er sah, was man in Europa aus seinen Projekten gemacht hatte, und nannte diese Amerikanisierung eine »Ausgeburt von Scheußlichkeit«. Unsere Innenstadt selbst blieb von solchen »Arkaden«, »Galerien« oder »Centern« zum Glück verschont.

Boomtown indes legte weiter an Tempo zu. Tiefbauer krempelten nun das Straßennetz um. »Leipzig ist jetzt grässlich. Überall sind die Straßen aufgerissen«, hieß es in einer Zeitung. Allerdings schon 1927. Knapp achtzig Jahre danach beschreibt dies den Zustand genauso treffend. Straßen und Autobahnen zum Flughafen entstanden neu. Aus der fast dörflichen Anlage wurde nun wirklich einer, ein Airport von Welt. 2007 kam die neue Start- und Landebahn Süd hinzu. Damit entwickelt sich der Flughafen Leipzig/Halle zum internationalen Luftfracht-Drehkreuz, und die Posttochter DHL, der Expressgut-Logistiker, verteilt von dort Päckchen in die ganze Welt.

BMW kam in den neunziger Jahren nach Leipzig, baute hier ein eindrucksvolles Werk. Das Zentralgebäude entwarf die in London lebende Iranerin Zaha Hadid. An dem Wettbewerb hatten 24 Büros aus aller Welt teilgenommen. Zaha Hadid schuf das Gebäude in einer beispielhaften Formensprache und erhielt dafür den Deutschen Architekturpreis 2005.

Porsche begann am Stadtrand zu produzieren. An der Alten Messe entstand eine Biocity. Nun baut dort das Fraunhofer-Institut für Zelltherapie und Immunologie. Das Max-Planck-Institut errichtete am Deutschen Platz ein Institut für Evolutionäre Anthropologie und erweitert gerade seinen Komplex für neuropsychologische Forschung an der Stephanstraße. Das Leibniz-Institut für Troposphärenforschung nahm einen Wolkensimulator in Betrieb; dort lassen sich tröpfchenweise Miniwolken nach Maß erzeugen. Und die werden wir wegen des Klimawechsels am künftig oft wolkenlosen Himmel dringend benötigen.

Auf den Sachsenplatz wurde ein mächtiger Kubus hingeklotzt, das neue Bildermuseum der Stadt. Viele Leipziger wollten diesen Platz erhalten, andere wollten ihn wieder vollständig bebaut haben, aber ich habe noch niemanden gefunden, der diesen Klotz schön findet.

In der »Leipziger Volkszeitung« las ich die Begründung eines Kommunalpolitikers, warum das Projekt gut wäre: Man habe eine Alternative zum Einkaufen auf der grünen Wiese schaffen müssen. Der Mann hat Humor!

In der ganzen Welt wird ein Kunstmuseum möglichst so gestaltet, dass schon die äußere Architektur den Betrachter einnimmt, bei uns wurde ein Würfel hingesetzt, der von den Leipzigern als Hochbunker empfunden wird. Auf die Sammlung selbst sind die kunstinteressierten Bewohner der Messestadt allerdings sehr stolz. Schon deswegen, weil sie uns kein Fürst in die Säle hängte, sondern weil viele stiftungswillige Bürger sie zusammengetragen haben.

Eine gläserne Verkleidung sollte das Gebäude nachts magisch leuchten lassen. Doch die Glasscheiben zersprangen, deshalb fehlt die Außenhaut bis heute. 2008 soll's nun endlich fertig sein, eine Leipziger Firma will es packen. Hinter 15 500 Sicherheitsglasplatten verschwindet dann der Kunstquader.

Sogar ein neues Stadion bekam die Stadt, auch eine prächtige Sache. Nun benötigen wir bloß eine Fußballmannschaft, die das nötige Publikum anzieht. Weder der FC Sachsen noch Lok Leipzig spielen hochklassig. Zur WM war ein ausverkauftes Stadion natürlich kein Problem. Oder beim Konzert von Paul McCartney. Aber wie soll man sonst das Jahr über 40 000 Plätze füllen? Eins steht jedenfalls fest: Von den leer stehenden Stadien Deutschlands haben wir das schönste.

Das missfiel dem Oberbürgermeister unserer Stadt, und er rührte das ganze Land mit seinem Cellospiel; die Leipziger träumten für eine Weile von Olympia ... das hätte die Vollendung des Aufbaus nach der Wende bedeutet, aber garantiert auch viele Verluste an alter Bausubstanz gebracht. So gesehen ...

Als die Olympischen Spiele an Groß-Paris verloren waren,

begann in Klein-Paris das größte Vorhaben von Boomtown: der City-Tunnel!

Der Riesenbohrer »Leonie« frisst sich Meter um Meter durch den Leipziger Untergrund. Der Bau ist sehr umstritten. Das Zentrum wird unterquert und es entstehen vier unterirdische Stationen. Ab dem Jahre...na, da will ich mich lieber nicht festlegen...also, vielleicht ab 2012 können die Besucher aus dem Regionalzug oder der S-Bahn beispielsweise direkt am Markt aussteigen. Eine gewisse Skepsis ist berechtigt, denn erst sollten ICE-Züge durchfahren; das hätte – wegen unseres Kopfbahnhofs – die Umfahrung der Stadt erspart. Dann wurde dementiert, später wiederum behauptet: vielleicht aber eines Tages doch. Der Bundestagsabgeordnete der Grünen Peter Hettlich meinte lakonisch: »Der Betrieb von Fernverkehr im Leipziger City-Tunnel ist so unwahrscheinlich wie das Anlegen der Queen Mary im Leipziger Hafen.«

Nun merkte wohl der letzte Optimist, was die Schiffsglocke geschlagen hatte.

Das Rathaus baut darauf, dass die Menschen aus Altenburg und Halle mit der S-Bahn bis zum Markt fahren und dann im Zentrum ihre Kaufkraft beweisen. Der damalige Oberbürgermeister Tiefensee bekam vom »Spiegel« für diese von ihm vertretene These einen »Tunnelblick« bescheinigt. »Das Magazin« schrieb: »Unglaublich teuer, unkalkulierbar, unsinnig – der Bau des City-Tunnels gerät zum Planungsflop.« Da war gerade klar geworden, dass das Projekt mehr kosten würde als geplant, ursprünglich sollten 571 Millionen Euro reichen. Inzwischen sind wir bei 704 Millionen Euro angelangt! Ein Bahn-Manager erklärte: »Leipzig wird endgültig die Bahnverkehrshauptstadt von Mitteldeutschland.«

Wie das eben im Leben so ist – die einen sagen so, und die anderen sagen so. Fest steht jedenfalls, um auf das Erscheinungsbild unserer Stadt zurückzukommen: Das Schönste am neuen Leipzig ist das alte Leipzig.

In diesem Zusammenhang muss ich unbedingt noch über

ein Gebäude schreiben: die Universitätsbibliothek in der Beethovenstraße. Auch hier kann ich nicht umhin, das Wort »Wunder« wegen ihrer Auferstehung zu strapazieren. Dieses Haus entspricht ein wenig der Dimension einer »Frauenkirche« für Leipzig.

Der beeindruckende Prunkbau, der die italienische Spätrenaissance, das Cinquecento, zitiert, wurde von dem grandiosen Leipziger Architekten Arwed Rossbach entworfen und tragischerweise noch in den letzten Kriegstagen zerstört. Die Schätze, von antiken Papyri bis zu Münzen aus drei Jahrtausenden, mittelalterliche Bücher und Handschriften (hier wurden die Schätze aus den Klöstern nach der Reformation gesammelt, schließlich befinden wir uns im albertinischen Sachsen) und all die anderen wissenschaftlichen Werke überlebten nahezu unbeschadet durch rechtzeitige Auslagerung.

Die Bibliotheca Albertina besitzt nach der Heidelberger Bibliotheca Palatina die zweitälteste Sammlung einer Universität in Deutschland.

Nach einem jahrzehntelangen Aschenputteldasein erstrahlt der Komplex nun mit dem rekonstruierten Ostflügel, neu gebauten Lesesälen und seinem glanzvoll wiedererstandenen Treppenhaus mit mächtigen Säulen und Rundbögen.

Eines hat uns Boomtown natürlich auch gebracht: Viele Damen und Herren aus den alten Ländern. Nichts dagegen: Wer es am besten kann, soll es machen. Aber wenn nach fast zwanzig Jahren die wichtigsten Posten nach wie vor in westdeutscher Hand sind, macht sich da und dort schon mal Unmut breit. Ein Mann aus den alten Ländern, der in Leipzig eine hohe Funktion innehat, meinte zu mir: »Herr Lange, mir würde das auch nicht passen, wenn die wichtigsten Stellen in München alle mit Ostdeutschen besetzt wären.«

Da wundert es mich nicht, wenn Leipziger in Bezug auf hohe Funktionen sagen: »Früher musstest du in der Partei sein und heute – aus dem Westen.«

Ostchef Fehlanzeige: Von der Sparkasse bis zur »Leipziger

Volkszeitung«, vom Museum der Bildenden Künste bis zum Stadtgeschichtlichen Museum, von der Stadt- bis zur Universitätsbibliothek, nirgends finden sich vigilante Sachsen oder Thüringer. An der Uni ärgert man sich besonders über die »Di-Mi-Do-Professoren«, also jene, die nur von Dienstag bis Donnerstag vor Ort sind, weil sie in den alten Ländern auch noch diversen Beschäftigungen nachgehen.

100 Prozent der Richter und Staatsanwälte, 95 Prozent der Beamten im Osten sind aus den alten Ländern. Ursprünglich sollten die ja hier nur Aufbauarbeit leisten – dafür sei jedem gedankt! – und dann wieder in ihre alte Heimat zurückkehren. Aber jene Posten, die ihnen der Osten beschert hat, die stünden ja zu Hause gar nicht bereit, um sie weiter zu beschäftigen.

Und noch ein Effekt stellte sich dadurch ein: Sachsen, das Mutterland der Reformation, wird an vielen Stellen wieder von Katholiken regiert. Wer hätte sich das träumen lassen, dass sich nach dem Sturz der Kommunisten nun mit so viel Verspätung die Gegenreformation im Land breitmacht!

Die Messestadt

1990 schrieb die Presse, dass die Leipziger Messe tot sei. Das schien logisch, denn ab Herbst kamen die osteuropäischen Aussteller und Besucher nicht mehr. Die Devisen fehlten. Die Menschen im Osten Deutschlands hatten auch andere Probleme, als einen Stand aufzubauen oder über die Messe zu spazieren. Und die Händler aus dem Westen beobachteten erst einmal, analysierten den Markt. Jene, die nur nach Leipzig gefahren waren, um während der Messetage Verwandte und Freunde zu treffen, konnten nun täglich einreisen. Auch die brauchten keine Messe mehr.

Die Parole musste also für die Macher und Retter heißen: Die Messe ist tot. Es lebe die Messe!

In der Geschichte gab es immer wieder Leipziger mit einem dezenten Hang zum Größenwahn. Das erwähnte ich schon beim Bummel über den Hauptbahnhof. Dessen Erbauer hatten eine Vision vertreten; Visionen brauchte auch die Messegesellschaft nach der Währungsunion. Und so konnte es nur darum gehen, *einfach* die modernste Messe Europas aufs freie Feld zu stellen. Im April 1991 wurde die Idee geboren und am 12. April 1996 die Neue Messe eröffnet. Die aufsehenerregende Glashalle, eine Bogenkonstruktion aus Stahl und so viel Glas, dass man das Metall fast übersieht, ist rund 240 Meter lang und nahezu 30 Meter hoch. So führte man architektonisch am Ende des 20. die Tradition des 19. Jahrhunderts fort und war damit aber schon im 21. angekommen.

Wenn Leipziger während des Baus in diese Gegend kamen, wähnten sie sich auf einem anderen Planeten. Wo sich eben noch die Füchse Gute Nacht gesagt hatten, grüßten sich nun täglich die Leute vom Bau, entstanden nebenher noch jede Menge Verkehrsbauten.

Aus den zwei Messen im Frühjahr und Herbst wurden zwei Dutzend. »Fachmessen« hieß das Zauberwort.

Spitzenreiter hinsichtlich der Besucherzahl ist die Auto Mobil International als Mitteleuropäischer Automobilsalon, die auch viele Gäste aus Osteuropa anzieht. Zu meiner großen Freude spielt die Buchmesse wieder eine gewichtige Rolle. Zwar sind – wie wir wissen – für die Masse der Menschen Autos interessanter als Bücher (lesen ist ja auch anstrengender als lenken), aber immerhin: Die Besucherzahlen steigen ständig. Das Buch ist glücklicherweise nicht totzukriegen.

Und schließlich gibt es noch einen besonderen Jahrmarkt, von dessen Produkten ich überhaupt keine Ahnung habe: Europas Leitmesse für interaktive Unterhaltung, Info- und Edutainment (der letzte Begriff ist noch nicht einmal in meinem Fremdwörterbuch zu finden...), die Games Convention. Die sprengte im vergangenen Jahr alle Rekorde. Mehr als 2600 Journalisten aus 38 Ländern berichteten über jene Schau.

Schon am ersten Tag stürmten knapp 30 000 Besucher die Hallen. In der Zeitung sah man ein Foto, auf dem Physiotherapeutinnen die Schultern junger Männer massierten. Damit die das Spiel dabei nicht unterbrechen müssen, saßen sie rücklings auf den Behandlungsstühlen. Ein Journalist porträtierte den 17-jährigen Lucio W. und zählte ihn bereits »zum Urgestein der GC«. Klar, bei dem Alter!

Selbst leichtbekleidete Hostessen, die Werbung für Software-Unternehmen machten, hatten es schwer, von den jungen Burschen wahrgenommen zu werden. Deren Blick war stur auf die neuen Spiele gerichtet. Enrico P. erzählte von seinem alten Rechner: »Der war echt langsam. Meine Play Station kann heute viel mehr. Die Entwicklung geht echt schnell.«

Echt GC.

Das legendäre Doppel-M – 1917 vom Leipziger Grafiker Erich Gruner entworfen und seit Anfang der zwanziger Jahre das Wahrzeichen der Mustermesse – grüßt den Besucher von einem 85 Meter hohen Turm, von dem niemand vermutet, dass er zur Heizungsanlage des Komplexes gehört.

Nun brummt die Messe also weit vor den Toren der Stadt, und die Leipziger merken oft gar nicht, dass Messezeit ist. Hotels gibt es auch dort, und manch einer rollt am Abend schon wieder über die nahe Autobahn nach Hause oder steigt ins Flugzeug, das ihn noch schneller zurückbringt.

Wie war das früher zu Messezeiten in Leipzig?

»Wer ohne jedwede Ueberleitung wie vom Himmel herab in den Meßtaumel schneite, der mußte einen imposanten Eindruck erhalten von der Großartigkeit Leipzigs. Den Meßfremden erging es so. Sie sahen die Stadt nicht im Aschenbrödel-Gewand... Erst sie, die Messe, macht Leipzig zur Weltstadt. Zur Weltstadt von vierzehntägiger Dauer.«

So schrieb Max Bunge in seinem Meß-Roman »Die Dollarfürstin aus der Petersstraße«, der 1921 im Leipziger Schlager-Verlag erschienen ist. Der Titel war als Band 1 der Reihe »Weltstadt-Romane« angekündigt. Ob es jemals einen Band 2 gegeben hat, ist nicht überliefert. Eins steht jedenfalls fest: hinter Max Bunge verbirgt sich der Schriftsteller Hans Reimann, der sich damals in Deutschland schon einen Namen gemacht hatte. Und der Schlager-Verlag ist garantiert auch eine Erfindung von ihm für seine »Dollarfürstin«.

Betrachtet man sich Ansichtskarten aus jenen Tagen, kann

man sich ein Bild von dem Trubel machen, den Reimann beschrieb. In der Petersstraße war es besonders turbulent. Fahnen hingen überall an Häusern herab, Firmenschilder ragten aus den Fenstern, Werbetransparente blähten sich im Wind von Haus zu Haus. Und auf dem Gehweg wimmelte es wie in einem Ameisenhaufen.

Diesen besonderen Trubel habe auch ich in abgeschwächter Form bis zum Ende der DDR während der Frühjahrs- und Herbstmessen erlebt. Nicht umsonst sprach man von Leipzig als der »heimlichen Hauptstadt«. (Während Ostberlin schon wegen der Mauer eher die unheimliche Hauptstadt war.) Da die Messehäuser innerhalb des Rings standen, quirlte im Zentrum der Stadt alles durcheinander. Hier fanden die Einkäufer aus Deutschland und der Welt alle nur denkbaren Handelsartikel. Leicht konnte man sich einen Überblick verschaffen und die übers Land verstreuten Produzenten vor Ort sprechen, Erfahrungen und Wünsche austauschen, Lieferbedingungen und Preise aushandeln.

Ein Bekannter sagte mir unlängst: »Manchmal fehlt mir dieser Trubel.« Einzig zur Buchmesse zeigt sich in der Stadt ein Abglanz des Getümmels, wenn die Menschen in die unterschiedlichsten Veranstaltungsorte zu Lesungen gehen.

Mit sächsischer Gemütlichkeit war es während der Messetage vorbei. Sie hatten einen völlig anderen Rhythmus. Noch einmal Reimann aus seiner »Dollarprinzessin«: »Alles steht Kopf. Die alte gute Lipsia gerät außer Rand und Band. Der sächsische Betrieb weist Schwung und Schmiss auf. Lawinen von Menschen kullern über die Wiese blaugelber Behaglichkeit und bewirken Trubel. Umsatz und Geschrei. Jeder will verdienen. Keiner will zu kurz kommen. Die Zugereisten werden bei den Rockschößen gepackt und gehörig gebeutelt.«

Zu DDR-Zeiten wurden vor allem die Besucher und Einkäufer aus der BRD und dem »nichtsozialistischen Währungsgebiet« gebeutelt. Für die Staatssicherheit galt vermutlich höchste Alarmstufe, denn Klassenfeinde weilten in Massen in der Stadt – ihrer Ansicht nach.

Fast in jede Familie brach die Messe ein. Die Mehrheit der Besucher schlief ja nicht in Hotels, die Kapazitäten reichten nicht hinten und nicht vorn. Nein, freie Betten in den Privatwohnungen wurden dringend gebraucht. Das heißt, diese waren natürlich nicht frei, sondern wurden – möglichst gegen Devisen – frei gemacht; die sonstigen Benutzer zogen auf ausgediente Chaiselongues um. Notfalls sogar auf eine »Russenliege«. So sagte der Volksmund zu einem nicht eben luxuriösen Klappbett mit einem Alu-Gestell.

Obwohl jeder Besucher ein Anmeldeformular auszufüllen hatte, mussten die Sicherheitsorgane zähneknirschend zusehen, wie das größte, sich ständig wiederholende Ost-West-Treffen des Jahres in den Wohnungen – bis auf entsprechende Ausnahmen – ohne Überwachungsmöglichkeit vonstatten ging. Über die Jahre sind so viele Freundschaften mit den Messegästen geschlossen worden.

Und was wurde von denen nicht alles in Leipziger Wohnungen geschmuggelt, denn die Verluste durch Grenzkontrollen hielten sich im erträglichen Rahmen. So lasen wir nach der Messe im »Spiegel«, in der »Brigitte« oder in Taschenbüchern von Autoren, die in der DDR nicht verlegt wurden. Bekannte und Freunde ohne West-Beziehungen fragten bald nach, ob denn neue Lektüre angekommen sei. Und wir verborgten gern oder hörten gemeinsam mit Freunden die neuen Schallplatten, die unser Messegast und Freund Fritz »Friedel« Haase mitgebracht hatte.

Viele Leipziger arbeiteten auf der Messe, bummelten dafür Überstunden ab, nahmen bezahlten oder unbezahlten Urlaub, klinkten sich aus dem sozialistischen Wettbewerb aus und ließen sich freudig vom Kapitalisten ausbeuten. Kaum jemand blieb vom Messefieber verschont, man sehnte sich nach dieser besonderen Atmosphäre: Da war das Gewühl in der Stadt und den Messehäusern, dieser verführerische Duft fremden Parfüms oder Tabaks im Vorübergehen, da gab es die Treffen mit Verwandten oder Freunden aus der Bundesrepublik, exklusive Gastspiele von Juliette Greco oder Chris Barber. Zur Messe kamen immer international bekannte Künstler nach Leipzig. Und wenn man am Abend durch die Stadt spazierte, spiegelten sich die Lichter im Lack der Limousinen aus ganz Europa. Der schnelle Rhythmus regte uns alle an, und wir wähnten uns für diese Tage mit einem Bein schon hinter der Mauer.

Seinen bescheidenen Anfang nahm dieses Messegetümmel vor 900 Jahren!

Um 1100 kam es in unserer Stadt zu ersten Treffen weit gereister Kaufleute. Dass sie sich hier begegneten, hatte seinen Grund: Zwei Handelsstraßen, die den europäischen Kontinent durchzogen, kreuzten sich in Leipzig – die Via Regia und die Via Imperii. Die eine Straße also nach dem König, die andere nach dem Reich genannt. Eine Reichsstraße gibt es auch heute noch im Zentrum, sie hat sogar die DDR-Zeit überlebt. Die Königsstraße dagegen wurde nach dem Krieg gleich umbenannt. Sie erhielt aber nicht den Namen eines kommunistischen Kämpfers, sondern den der bedeutenden Frauenrechtlerin Henriette Goldschmidt, die Mitbegründerin des Allgemeinen Deutschen Frauenvereins war und die in Deutschland die erste Hochschule für Frauen ins Leben rief. Ihr Wohnhaus wurde 1920 in Henriette-Goldschmidt-Haus umbenannt und zum Dank für ihre Verdienste achtzig Jahre später trotz starker Bürgerproteste abgerissen. Dass dies im Rathaus unter einem sozialdemokratischen Bürgermeister möglich war, hat nicht nur engagierte Frauen erregt. Aber wie bei anderen Gelegenheiten zeigte sich in unserer Demokratie: Protest gegen ein Vorhaben ist möglich, der mündige Bürger darf sich einbringen, gemacht wird es allerdings so, wie es die Stadtverwaltung will. Das Engagement bleibt folgenlos.

Ich bin schon wieder abgeschweift, doch das ist nicht zu vermeiden, wenn man über diese Stadt erzählt.

Zurück zur Messe. Mit dem Stadtrecht verlieh Markgraf Otto der Reiche 1165 auch das Messeprivileg. Hinzu kamen das Marktprivileg und das Stapelrecht. Das bedeutete, im Umkreis von 15 Meilen, also von über 100 Kilometern, durften keine großen Märkte abgehalten und keine Waren gestapelt werden. Darüber werden die Händler in Sachsen und Thüringen nicht erbaut gewesen sein. Die Leipziger Messe hingegen festigte ihren Ruf. Das Stapelrecht brachte den Vorteil, dass man Waren auch bis zur nächsten Messe in Leipzig lagern konnte.

1514 kam allerhöchster Segen auf Leipzig: die Bestätigung des Reichsmesseprivilegs durch den Papst. Die Märkte waren zu jener Zeit Warenmessen. Die Kaufleute packten in ihren Heimatstädten die Planwagen voll, spannten die Pferde an und rollten rechtzeitig im Frühjahr (vor Ostern), im Herbst (vor Michaelis) und eine Zeit lang noch zur Neujahrsmesse gen Leipzig. Für Holländer (die seit dem 13. Jahrhundert ständige Messegäste waren) mag die Reise ja noch angegangen sein, aber wie lange waren im 16. Jahrhundert die Kaufleute aus Moskau unterwegs, mit denen die Stadt feste Handelsbeziehungen pflegte?

Sie benötigten weit über einen Monat. Bei schlechtem Wetter, im Winter beispielsweise, dauerte solch eine Reise natürlich viel länger. Der Leipziger Slawist Siegfried Hillert erzählte mir, dass eine Gruppe aus dem russischen Hochadel mit Katharina II. an der Spitze am 23. September 1766 in St. Petersburg die Kutsche bestieg und nach etlichen Unterbrechungen, auch wegen des Wetters, erst am 10. Februar 1767 in Leipzig ankam. Eine Tortur, wenn man an die Federung der Reisewagen denkt. Und eine Kutschenheizung gab es auch nicht. Waren manche Handelsleute nach einer Messe in der Heimat angekommen, mussten sie schon bald wieder aufbrechen, um pünktlich zur Stelle zu sein, wenn die nächste eröffnet wurde. Sie waren also letztlich im Hauptberuf – unterwegs.

Nach dem Dreißigjährigen Krieg profitierte Leipzig vor allem vom Aufstieg der Handelsstädte Amsterdam und Hamburg. Durch die ständig gewachsenen Handelsbeziehungen mit den osteuropäischen Ländern, dank der geografischen Lage und liberaler Verhältnisse übertrumpfte Leipzig die Konkurrenz in Frankfurt. Die Stadt am Main machte erst nach dem Zweiten Weltkrieg wieder Boden gut.

Seit der zweiten Hälfte des 18. Jahrhunderts dominierte Leipzig den europäischen Rauchwarenhandel. Nicht nur da, aber doch besonders in dieser Branche profitierte die Stadt von jüdischen Händlern, die vor allem aus Russland, Polen und Galizien kamen. Der Brühl, eine Straße, die am Nordrand des Zentrums liegt, war ab Mitte des 19. Jahrhunderts in der Welt ein Begriff für den Handel mit Pelzen und die Bearbeitung von Fellen.

Der Charakter der Messe veränderte sich mit der wachsenden Industrialisierung. William Jacob, der englische Nationalökonom, schreibt 1815: »Man kann Leipzig als den Mittelpunkt betrachten, an dem der Handel vom Osten Europas und von Asien den des westlichen Europas und der verschiedenen Kolonien in den übrigen Teilen des Erdballs trifft.«

Ab Mitte des 19. Jahrhunderts gab es neben der Warenmesse erstmalig Musterausstellungen für Baumwollartikel und Spielwaren. In schneller Folge initiierte man solche Präsentationen bald auch für die Produkte aus Glas, Metall oder Holz. Eine neue Epoche war angebrochen. Man nahm nicht mehr mit, was man kaufte, sondern bestellte, was man benötigte. Es war für beide Seiten bequemer und billiger.

1895 fand die erste richtige Mustermesse statt: 700 Aussteller und 800 Einkäufer reisten an. Zwei Jahre später erschien bereits das erste »Meßadressbuch«, in dem sich jeder über Firmen und Produkte einen Überblick verschaffen konnte.

Diese neuartige Messe verwandelte unsere Stadt. Ein völlig neuer Haustyp entstand: der »Meßpalast«. Und diese Paläste wurden, wenn sie der Krieg übrig gelassen hatte, über die ganze DDR-Zeit im ursprünglichen Sinn genutzt. So präsentierten die Aussteller zum Beispiel im Handelshof seit Jahrzehnten Haus- und Küchengeräte, Metall- und Schneidwaren. Nun werden sich in den ehemaligen Kojen bald Hotelgäste in ihre »Koje« legen. Im Petershof, in dem vor allem Spielwaren, Christbaumschmuck und Musikinstrumente gezeigt wurden, spielt jetzt auch eine andere Musik – dort wird nun täglich Bekleidung feilgeboten.

Die Leipziger vermissen vor allem das Kino Capitol, das sich im Kellergeschoss dieses Gebäudes befand und sich durch die Internationale Dokumentar- und Kurzfilmwoche weltweit einen Namen gemacht hatte.

Ein Messehaus, das den Zweiten Weltkrieg überstanden hatte, weil es unter der Erde lag, jenes Untergrundmessehaus am Markt, das erste seiner Art weltweit, 1925 eingeweiht, ist gar nicht mehr zu finden. Der Eingangsbereich aus Rochlitzer Porphyr im Stil des Art déco wird erst wieder zu sehen sein, wenn der Fahrbetrieb durch den City-Tunnel aufgenommen wird, denn dort steigt man dann die Stufen zur Station hinab.

Ab 1918 gab es in riesigen Hallen und auf einem Freigelände die Technische Messe unweit des Völkerschlachtdenkmals. Die hatte keine 100 Jahre Bestand, viele dieser Gebäude sind heute ungenutzt.

Was die Zukunft der Neuen Messe anbelangt, da keimt Hoffnung durch die Erweiterung der EU nach Osten. Leipzig liegt ja nach wie vor am Schnittpunkt der alten Handelsstraßen, und keine deutsche Messestadt von Rang ist näher dran an Osteuropa…

Das Kaffeehaus

Die Menschen unserer Region sind als Kaffeesachsen in ganz Deutschland bekannt. Das hat Tradition, geht bis ins 18. Jahrhundert zurück. »Ohne Gaffee gönn mir nich gämbfen«, beschwerten sich sächsische Soldaten bei ihren Kommandeuren, als ihnen im Siebenjährigen Krieg einmal die Kaffeeration vorenthalten wurde, und verschwanden vom Schlachtfeld. Danach, so sagt die Legende, soll Friedrich der Große den Begriff »Kaffeesachsen« geprägt haben.

Die Leipziger halten sich bis heute daran. Ohne Kaffee geht für die meisten rein gar nichts. Über den Tag verstreut hört man bis zum Abend da und dort immer wieder den berühmten Satz: »Mir dringkn erschd ma ä Gaffee.«

Diese freundliche Aufforderung signalisiert Gemütlichkeit, Besinnung, ist auch Anregung, ein Problem in Ruhe zu bereden.

Leipzig hat zwar nicht das erste, aber das älteste erhaltene Kaffeehaus des christlichen Europas, das ja vielerorts gar nicht so christlich ist... Im »Kaffeebaum« wird seit 1711 Kaffee ausgeschenkt. Ein Haus wie dieses kann weder Wien noch Prag bieten, geschweige denn Berlin oder München. Übrigens denken die meisten Leute, wenn sie den Namen hören, es sei die Rede von einem Café Baum. Weit gefehlt, denn der vollständige Name lautet »Zum arabischen Coffe Baum«. Dies kann, wer gute Augen hat, an der barocken Portalplastik über dem Eingang lesen. Ein Putto reicht dort einem gemütlich ruhenden Türken (nicht nur Sachsen lieben die Gemütlichkeit!), der sich mit seiner Rechten auf einer Kaffeekanne abstützt, eine Schale mit der geliebten dunklen Brühe, zu der wir auch »ä Schäälchen Heeßn« sagen.

Das beeindruckende Hauszeichen, in dessen Mitte ein blühender Kaffeebaum prangt, wird als eine Geste gegenüber jenem Kulturkreis gedeutet, aus dem der Kaffee zu uns kam. Was wäre Europa ohne den Türkentrank?

Die EU-Kommissare könnten die Marathonsitzungen in Brüssel ohne diesen Muntermacher ja gar nicht durchstehen. Und erst die Damen und Herren im Bundestag – sie würden vor Müdigkeit auf ihren Rollsitzen einnicken... Ganz zu schweigen vom legendären Leipziger Rat: Er könnte nicht – wie gewohnt – hellwach Beschlüsse zum Wohle der Stadt fassen. So gesehen hätten die Türken also schon ein Anrecht auf die Mitgliedschaft in der EU.

Die einfache Feststellung: »Wird die Kaffeetasse zum Mund geführt, schwinden alle Sorgen«, stammt nicht etwa von einer Leipziger Kaffeetante der Vorkriegszeit, sondern von Scheich Ansari Djezeri Hanball Abdal-Kadir. Und diese schlichte Weisheit sprach der Mann schon 1597 aus!

Zurück zur Leipziger Kaffeehaus-Tradition: Der »Kaffeebaum« zählte jede Menge berühmter Leute zu seinen Gästen. Namensschilder aus Messing künden davon. Da wären die Prominenten des 18. und 19. Jahrhunderts wie Lessing, Gottsched, Gellert, Schumann, Mendelssohn Bartholdy, Wagner. Im 20. Jahrhundert verkehrten hier zum Beispiel Klinger, Heisenberg, der Clown Grock, von Karajan oder Rühmann. Der von mir anhaltend verehrte Erich Kästner saß natürlich auch in diesen Räumen.

Und noch etwas Besonderes bietet das Haus: das einzige Kaffeemuseum in Deutschland!

An keinem anderen Ort kann ich es mir denken. Hat nicht Johann Sebastian Bach, der große Komponist und Kaffeeliebhaber, in Leipzig im (leider nicht mehr existierenden) Zimmermannschen Kaffeehaus seine »Kaffeekantate« aufgeführt und den Chor jauchzen lassen: »Ey! wie schmeckt der Coffee süsse, lieblicher als tausend Küsse...« Nun, das ist vielleicht etwas übertrieben, aber letztlich Ansichtssache.

Die Messestadt besaß vor dem Krieg unglaublich viele Kaffeehäuser. Für jeden Geldbeutel: Es gab mondäne für die obere Klasse und schlichte für die nicht so Betuchten.

In den zwanziger Jahren des vergangenen Jahrhunderts studierte Sándor Marai an der Leipziger Universität Journalistik. Die Ungarn haben bekanntlich wie die Österreicher viel Sinn für Kaffeehauskultur. In seinen autobiografischen Erinnerungen »Bekenntnisse eines Bürgers« schreibt er: »Was machte ich eigentlich in Leipzig? Meine Familie meinte, ich ginge zur Universität und ließe mich mit deutscher Sachkunde zum Journalisten ausbilden. In Wirklichkeit träumte ich...Ich konnte halbe Tage lang im Café Merkur hinter der Universität sitzen, in diesem namhaften Kaffeehaus, das ›alle Zeitungen der Welt‹ bezog, rund ein halbes Tausend.«

Dichter übertreiben ja immer ein wenig, aber um die 300 Zeitungen und Zeitschriften sollen es schon gewesen sein, die dort auslagen. Und »hinter der Universität« stimmt auch nicht ganz, es war noch ein Stückchen weiter.

Marai hielt sich offensichtlich an den weisen Spruch des Literaturprofessors Christian Fürchtegott Gellert: »Schulen und Universitäten sind nicht halb so gut wie die schlechtesten Kaffeehäuser.« Da kann man sich vorstellen, wie viel Nutzen man erst aus den guten ziehen kann! Zum Beispiel aus dem »Merkur« am Dittrichring, nahe der Thomaskirche gelegen. Das Café zog Scharen illustrer Gäste an. Dass Marai hier verkehrte, wundert mich nicht, im »Merkur« fand der künftige

Schriftsteller Menschen für anregende Gespräche: Dichter, Journalisten, Maler wie Max Schwimmer und Rüdiger Berlit, Theaterleute wie Valeska Gert und Lina Carstens, Kabarettisten. Hier hätte er auch Joachim Ringelnatz kennenlernen können, der gern vorbeischaute und ein Glas (oder mehrere) mit seinem Kuttel Daddeldu trank. Vielleicht hat Marai mit dem berühmten Wurzener ja wirklich mal einen gehoben. Fest steht allerdings, dass er mit einem damals in Leipzig sehr bekannten, aber nicht nur beliebten Typen oft zusammen saß: mit dem schon erwähnten Hans Reimann. Dieser Spötter hatte 1919 die »ungemütliche Leipziger Wochenschrift ›Der Drache‹« gegründet. Marai erinnerte sich: »›Der Drache‹ schrieb, was die Sachsen essen, was die Sachsen lustig finden, was in ihrem Dialekt sentimental und tragisch ist und was an den Sachsen so schmerzlich und einmalig sächsisch ist. Das Blatt erregte Aufsehen, wie man sich denken kann, und die Sachsen waren über diese unbarmherzigen Analysen nicht sonderlich erfreut.«

Im Gegensatz zur Mundartdichterin Lene Voigt, die ihre Landsleute liebevoll bedichtete, deren Stärken und Schwächen im Auge hatte, ging es Reimann nur um die Schwächen, um – wie Marai meinte – »sächsische Mißstände und sächsische Provinzialität«. Dabei sah Reimann selbst wie der letzte Kleinbürger aus, hatte aber satirisch-humoristischen Pfiff und – wenn es so etwas geben sollte – vielleicht einen gewissen sächsischen Selbsthass. Dies fiel auch Marai auf: »Ich traf mich mit Reimann täglich im Kaffeehaus – er war ein gutmütiger, verbitterter, die Sachsen voreingenommen beschimpfender Pamphletist, ein kräftiges Talent.«

Im »Drachen« veröffentlichte Marai auf Anregung von Hans Reimann seine ersten Beiträge, »und von Zeit zu Zeit überreichte er mir fünfzig Mark«. Beides – sowohl die Chance zu publizieren wie auch das Honorar – wird den 19-jährigen Studenten erfreut haben.

Im Piper Verlag, der in den zwanziger Jahren eine erfolgreiche Reihe unter dem Titel »Was nicht im Baedeker steht« herausgab, erschien übrigens solch ein Buch über Leipzig von Hans Reimann. Sein Enkel Andreas lebt heute dichtend und zeichnend (nicht selten im Kaffeehaus) in der Messestadt. Und es gibt eine Reihe Leute, die meinen, er wäre der beste Dichter und Liedertexter Leipzigs.

Max Krell, der in den zwanziger Jahren als Journalist einige Zeit in Leipzig lebte und bis zu seiner Emigration verantwortlicher Lektor des Ullstein Buchverlags in Berlin war, schrieb in seiner Autobiografie »Das alles gab es einmal«: »Unsere Heimat waren die Cafés. Die Cafés hatten damals noch eine Funktion, die verloren gegangen ist. Sie waren die Wechselstuben der Gedanken und Pläne, des geistigen Austauschs, die Produktenbörse der Dichtung, des künstlerischen Ruhms und auch des Untergangs, ob im Pariser du Dome, im Wiener Griensteidl, im Leipziger Merkur, im Römischen Greco. Hier wurde diskutiert und kritisch zerfetzt.«

Krells Aufzählung adelt das »Merkur«, erhebt es zu einem Café von europäischem Rang.

Hans Natonek, damals Feuilletonchef der »Neuen Leipziger Zeitung«, hat schon 1926 vorgeschlagen, am Gebäude eine Erinnerungstafel anzubringen, die reichlich achtzig Jahre danach immer noch ihrer Realisierung harrt: »Hier tranken Werfel und Hasenclever ihren Brummer.«

Was war ein Brummer?

Ich habe alte Leipziger gefragt und sogar Ulla Heise, die ausgewiesene Kaffeespezialistin, die schon mehrere Bücher zu diesem Thema geschrieben hat. Niemand konnte mir helfen.

Im Sächsischen ist ein »Brummer« etwas Großes... Dann fiel mir ein, dass ich mich vor zwanzig Jahren einmal mit einem Stammgast aus dem »Merkur« unterhalten hatte. Ich besaß noch Aufzeichnungen von jenem Gespräch mit Alexander Wanschura, einem Pianisten und Klavierpädagogen, der ein besonders schönes Sächsisch sprach. Und in meinem Notizbuch stieß ich auf diese Information: »Im Merkur, da kostete de gewöhnliche Dasse Gaffee vierzich un dorr Brummer fuffzich Pfenniche.« Eine große Tasse Kaffee, vielleicht das, was wir heute Pott nennen, war's also.

Ich werde mir jedenfalls ein paar Verbündete suchen und die von Natonek vorgeschlagene Tafel noch um einige wichtige Namen ergänzen, ehe wir sie am Ort des im Krieg zerstörten Hauses enthüllen. Versprochen. Und anschließend trinken wir einen Brummer.

Erich Kästner war ebenfalls Stammgast im »Merkur«. Seine Erfahrungen mit der Messestadt sind von unterschiedlicher Art. Die Stadt hat ihn erst an-, dann aufgeregt. Wie Marai studierte er an der Leipziger Universität – jedoch mit großem Erfolg – Germanistik und Geschichte; er wurde auch hier promoviert. 1925 trat er in die Feuilletonredaktion der liberalen »Neuen Leipziger Zeitung« ein, Hans Natonek hatte ihn geholt. Das Blatt war Vertretern der reaktionären Großbourgeoisie zu liberal. Man hetzte in den »Leipziger Neuesten Nachrichten« gegen Kästner und seinen Arbeitgeber. Vor allem deshalb, weil er 1927, im 100. Todesjahr Ludwig van Beethovens, dort seinen »Nachtgesang (später Abendlied) des Kammervirtuosen« mit einer erotischen Zeichnung veröffentlicht hatte. Die Prüden nannten das »skandalös«, was aber bloß ein Vorwand war, da den Herren Kästners politische Auffassungen nicht passten. Die Zeitung gab unter dem Druck dieser Kreise nach und entließ den Autor. Auch der geniale Illustrator des Textes musste gehen – Kästners Freund Erich Ohser, der sich später nach seinem Heimatort nannte: e. o. plauen.

Welch Verlust für Leipzig, welch Gewinn für Berlin!

In Leipzig waren die ersten beiden Gedichtbände von Kästner erschienen, hier waren sie auch entstanden, »Herz auf Taille« und »Lärm im Spiegel«. Zunächst hatte er diese Gedichte in verschiedenen Zeitschriften veröffentlicht. Kästner erinnerte sich später: Im Café Merkur (!) habe ihn »Curt Weller, ein grasgrüner Verleger, nicht älter als ich selber, ein Kriegsflieger mit Beinprothese« angesprochen. Er gab Kästners Texte wenig später in seinem Verlag Curt Weller und Co. heraus.

In Leipzig bildete sich also jener Autor heraus, den wir bis heute lieben. Der nach dem bestimmt manchmal trockenen Studium der Literaturgeschichte umsattelte und uns mit seinen poetisch-satirischen Texten labte. Hier legte er den Grundstein für seine »kleine Versfabrik«, deren Produkte in der Qualität unerreicht und nie aus der Mode gekommen sind, die anhaltend hoher Gebrauchswert auszeichnet. Seine Leipziger Erfahrungen spiegeln sich in vielen Texten wider. In dem Band »Lärm im Spiegel« beschreibt Kästner beispielsweise die »Möblierte Melancholie«:

»Und sie nicken nur noch wie die Puppen;
Denn der Mund ist nach und nach vereist.
Untermieter sind Besatzungstruppen
In dem Reiche, das Familie heißt.«

Zwar geduldet, aber nicht gern gesehen, so hat er es wohl selbst erfahren. Und deshalb wird Kästner oft ins Kaffeehaus geflüchtet sein.

Auch ich habe meine Studentenzeit zum großen Teil in einem Leipziger Kaffeehaus verbracht, im Café Corso im Gewandgäßchen. In den fünfziger Jahren verkehrten hier so bedeutende Denker wie die Professoren Hans Mayer und Ernst Bloch, bis sie von kleinkarierten Funktionären aus Leipzig verjagt wurden. Viele, später in ganz Deutschland bekannte Schriftsteller saßen als Studenten an den Marmortischen: Christa Wolf, Reiner Kunze, Uwe Johnson, Volker Braun, Christoph Hein. Auch die schon arrivierte oder noch studierende Garde der Leipziger Maler.

Ob die Besitzer des Cafés für ihre Gäste wenigstens eine Zeitung abonniert hatten, weiß ich nicht mehr. Das Interesse an DDR-Zeitungen hielt sich sowieso sehr in Grenzen. Was für ein Glück, dass der Krieg dieses zauberhafte Café im Stil des Art déco verschont hatte. Doch den SED-Oberen war der Treffpunkt der Studenten und Künstler ein Dorn im Auge. Dort diskutierte man nicht im Sinne der Partei, dort wurden politische Witze erzählt und westliche Bücher weitergereicht. Unter Funktionären galt das »Corso« als Hort der Konterrevolution. Und deshalb zerstörten Dogmatiker, was die Bomben verschont hatten. Unter dem Vorwand, an jener Stelle bauen zu wollen, wurde das Haus 1968 abgerissen. Gebaut wurde nie, einzig eine Baubaracke brachten die Verantwortlichen zustande. Dieses Provisorium zierte Jahrzehnte die Innenstadt.

Das »Corso« war sozusagen in Leipzig das Café »Größenwahn« der Nachkriegsära. Wenn ich darüber schreibe, die Bilder vor mir sehe, dann empfinde ich einen Hauch von Melancholie, Heimweh nach diesem verlorenen Ort...

Wenigstens eins, ein Café aus alter Zeit ist uns in Leipzig im Original erhalten geblieben! Und Kaffeehausfreunde, also Menschen, die zur Muße neigen, zum anregenden Gespräch bei einem anregenden Getränk, sollten sich bei ihrem Leipzig-Besuch in die Südvorstadt aufmachen, ins Café Grundmann in der Mahlmannstraße.

Jeder Tisch, jeder Stuhl, selbst die Garderobenständer stammen hier aus dem Jahr 1930. Sie entdecken die Gebrauchsspuren am Mobiliar. Die Patina ist es, die eine ganz andere Atmosphäre schafft als jene, die wir aus den nach Katalog eingerichteten neuen Coffeeshops kennen. Die warme Holztäfelung an den Wänden zaubert eine Stimmung wie in einer wohligen Höhle. Dazu kommt das milde Licht hinter den Milchglaszylindern, die in verchromten Halterungen an den Wänden befestigt sind.

In der runden Öffnung über der Tür (früher lag sie genau in der Mitte, die Tür wurde jedoch vergrößert) rotiert nicht etwa ein Ventilator. Wer genau hinsieht, dem fällt die geschwungene schmale Linie auf, die einen Kreis teilt: Yin und Yang, jenes alte chinesische Symbol, das zwei sich gegenseitig bedingende und ergänzende natürliche Grundkräfte darstellt. Also männlich und weiblich, hell und dunkel. Oder Anspannung und Entspannung – und damit schließt sich der Kreis. Nun ahnen Sie, warum Sie im Kaffeehaus sitzen. Dies alles wusste auch schon der Leipziger Konditormeister Lutze im Jahre 1930 und berücksichtigte es bei der Einrichtung der Räume.

Gönnen Sie sich dort die vormittägliche Ruhe bei einem Frühstück. Oder eine nachmittägliche Kaffeestunde mit vorzüglichen Torten und Kuchen, hausgebacken natürlich. Ob im Frühjahr, wenn draußen zartes Grün aus der Allee leuchtet, im Hochsommer, wenn die großen rechteckigen amerikanischen Fenster hochgeschoben sind, im Herbst, wenn an einem noch warmen Tag der Wind ein Blatt durchs Fenster auf einen Marmortisch weht, oder in der heimeligen Stimmung eines kalten Wintertages – hier kann der Besucher für eine Weile die Zeit anhalten. Das Summen der Gespräche im Raum hüllt den Gast ein, helle und dunkle Töne, dazwischen das Rascheln von Zeitungen.

Man sitzt allein im Kaffeehaus, fühlt sich aber nicht allein.

Im Kaffeehaus kommt man mitunter auf bessere Gedanken als zu Hause. Man trifft sich mit Freunden. Es ist ein Kommen und Gehen. »Willkommen und Abschied« heißt das Stück. Keine Background-Musik nervt das Ohr. Das Einzige, was für eine Störung sorgen kann, ist mitunter eine selbstbewusste junge Mutter, die kein Problem damit hat, dass ihr Kind den Raum zum Abenteuerspielplatz umfunktioniert. Es darf sich auch hier verwirklichen, bis schließlich Dieter, der Kellner, dagegen einschreitet. Von ihm stammt manche originelle Bemerkung, wenn ihn der Betrieb nicht zu sehr in Bewegung hält. Er ist eine Servierinstitution in Leipzig. Kult.

Jenes Pfeifen und Fauchen, das die Stille mitunter durchbricht, kommt von der Espressomaschine. Aber dort entsteht etwas besonders Köstliches. Die Maschine vermag, was wenigen Menschen vergönnt ist: unter Druck hervorragende Qualität zu schaffen.

Wenn ich einen Cappuccino vor mir habe, dann muss ich daran denken, wie viele Kaffeevarianten in der DDR nicht im Angebot waren. Milch gab es natürlich, aber nicht die Technik zum Schäumen. Damals waren mitunter auch Schäume Träume!

Der Chef des Hauses war gegen Ende der DDR der jüngste Konditormeister des Landes, die Wende kam für ihn gerade recht, und nun trägt das Kaffeehaus seinen Familiennamen. Vorher hieß es Café Günther, machte sich einen Namen als freches Chansoncafé, galt als Oase für kritische Liedermacher. Heute wird im »Grundmann« wieder musiziert.

In den zwanziger Jahren gab es hier einen Stammtisch um den legendären Gewandhauskapellmeister Arthur Nikisch. Kein Wunder, denn das Musikviertel mit dem berühmten Konzerthaus lag ja ganz in der Nähe.

In den letzten Jahren haben sich neue Stammtische herausgebildet. Leipziger Maler und Grafiker debattieren dienstags vormittags. An manchem Abend wird auf einem Tisch eine kleine Trikolore gehisst, wenn sich die »Deutsch-Französische-Gesellschaft« trifft und vermutlich auch Vin rouge zum Ausschank kommt. »Kunsträume« versammelt Architekten und Grafiker, und worüber die »Väter im Aufbruch« reden, kann man sich leicht ausmalen.

Als ich unlängst im »Grundmann« vor mich hin träumte, fiel mir ein, dass Erich Kästner als »möblierter Herr« seinerzeit ganz in der Nähe gewohnt hatte. In der Hohen Straße 51. Wenn ihm die Luft dort wieder mal zu knapp war, dann machte er sich zu einem Spaziergang ins nahe gelegene Scheibenholz auf, drehte eine Runde um die Rennbahn und kam logischerweise an diesem Café vorbei. Hier wird seit 1919 ununterbrochen gebacken und Kaffee ausgeschenkt. Als Dresdner wird Kästner, das vererbt sich dort, besonders der Eierschecke zugetan gewesen sein (über die richtige Höhe eines Stücks streiten heute noch feine alte Damen in der Elbestadt).

Jedenfalls wird ihn durch das geöffnete Fenster der Backstube der Duft von frischem Kuchen nicht nur einmal ins Café gelockt haben, und deshalb behaupte ich ab sofort, dass Erich Kästner auch in meinem Lieblings-Kaffeehaus verkehrte!

PS: Kurz nachdem ich diesen Text geschrieben hatte, las ich in einem Brief, den er 1926 an seine Mutter schickte, dass er im Scheibenholz beim Pferderennen war.
Na bitte – quasi der Beweis!

Was blieb von der Buchstadt?

Vor dem Zweiten Weltkrieg hatte Leipzig um die 360 Verlage, heute kommt man auf etwa 80. Darunter sind leider nicht so viele, die deutschlandweit von sich reden machen, aber immerhin, die Anzahl der von ihnen produzierten Titel stieg in den letzten Jahren wieder an.

Elmar Faber, Bibliomane aus Überzeugung, langjähriger Chef von Edition Leipzig und später des Aufbau-Verlags, der mit seinem Sohn Michael eine neue kräftige Farbe in die Buchlandschaft brachte, eben Faber & Faber, resümiert kritisch: »Schon lange erkenne ich kein Konzept einer konstruktiven Ansiedlungspolitik für das Buchgewerbe... Leipzig hat keine Lobby mehr für die Buchstadt, weil ihr das bunt gesprenkelte buchgewerbliche Bürgertum fehlt, das diese Lobby konstituieren könnte. Die Konstituierung aber findet nicht statt, weil Versäumnisse ›von oben‹ sich bedrückend summieren. Und weil wichtige kommunale Verwalter denken, dass eine Identifikation mit tradierten Werten außerhalb der Musikszene antiquiert sei...«

Man wollte im Rathaus die Medienstadt, und – so meint Faber – »die ist nicht ohne die Buchstadt zu kriegen«.

Noch ein junger Verlag macht seit 2003 von sich reden. Er heißt nach seinem Verleger schlicht und einfach Lehmstedt. Der Mann ist ein Berliner, der nach dem Germanistikstudium in Berlin und Leipzig hier hängen geblieben ist und nun die Bücher macht, die er selbst gern lesen würde. Eine kleine literarische Sensation war zum Beispiel der in diesem Verlag erschienene Band »Der Karneval des Kaufmannns« – Texte von Erich Kästner aus seiner hiesigen Zeit, die vorwiegend in der »Neuen Leipziger Zeitung« zwischen 1923 bis 1927 erschienen und die Klaus Schuhmann herausgegeben hat. Texte in jener unnachahmlichen Mischung aus Ironie und Melancholie, die kein Verfallsdatum besitzen.

Eine bibliophile Perle sind seit 1982 die »Leipziger Blätter«, die jeweils im Frühjahr und Herbst erscheinen und auf eine Initiative des Schriftstellers Helmut Richter (er ist in ganz Deutschland durch seinen Text »Über sieben Brücken mußt du gehn…« bekannt geworden) zurückgehen. Auf jeweils 92 hervorragend gestalteten Seiten wurde nun schon in mehr als 50 gediegenen großformatigen Ausgaben über Architektur und Denkmalspflege, Bildende Kunst und Musik, Theater, Literatur oder über Geschichte und Traditionen Leipzigs berichtet.

Aber es gibt auch noch andere Erfolgsmeldungen in Sachen Buch. Da wäre das Haus des Buches in der Prager Straße / Ecke Gerichtsweg zu nennen. Das existiert seit 1996 und wurde genau an der Stelle errichtet, wo bis Dezember 1943 das legendäre Buchhändlerhaus stand. Mit diesem Neubau, dessen zwei verglaste Höfe zur Prager Straße besonders auffallen, hat die Lesestadt Leipzig mit Recht das größte Literaturhaus Deutschlands bekommen. Ein Kuratorium leitet dessen Geschicke.

Nahezu jeder deutsche Schriftsteller von Rang hat inzwischen hier am Gerichtsweg schon aus seinen Werken gelesen, aber auch unbekannte oder jüngere Autoren bekommen im Haus des Buches ein Podium. Übers ganze Jahr ist viel los.

Nicht nur Lesungen und Vorträge, sondern auch Ausstellungen, Seminare und Workshops werden angeboten. Dafür kann sommers sogar der begrünte Innenhof genutzt werden. Auf dieses Gelände schaute ich in den siebziger Jahren als Redakteur des Börsenblattes für den Deutschen Buchhandel. Das ist, glaube ich, die älteste Fachzeitschrift Europas. Sie erscheint seit 1834. Nach dem Krieg gab es zwei Ausgaben. Ich war bei dem dünneren Leipziger Blatt tätig, das dickere kam logischerweise in Frankfurt am Main heraus.

Zwei Jahre lang blickte ich von meinem Schreibtisch auf diesen Hof, erinnere mich aber nur an Kohlenberge. Und dann parkte dort noch das stark lädierte Auto unseres Chefredakteurs unter ein paar alten Platanen, um die sich heute eine grüne Oase ausbreitet. Ein Besuch der Ausstellungen lohnt sich; danach mag der Gast bei einem Latte macchiato auf der Gartenterrasse ein wenig verweilen, ehe er sich aufmacht, um die baulichen Zeugen des ehemaligen Grafischen Viertels aufzusuchen.

Was hat die Buchstadt sonst zu bieten?

Mehr Buchhandlungen als in Frankfurt am Main haben sich im Leipziger Zentrum auf alle Fälle angesiedelt! Etwa fünfzehn. Darunter fünf Antiquariate. In der Buchstadt mit der weltgrößten Messe der Branche habe ich in der City gar keins mehr gefunden. Welch Verlust für ein Stadtzentrum, wenn man nicht in einem Geschäft nach alten Büchern stöbern kann...

Besonderer Trubel herrscht in Leipzig, wenn sich im Frühjahr die Tore der Buchmesse öffnen! In den Hallen und verglasten Übergängen quirlt das Leben. Der Besuch hat dermaßen zugenommen, dass ich sogar das erste Mal in meinem Leben einen Fußgängerstau erlebt habe. Der Anlass blieb schleierhaft. Es gab keinen Unfall, etwa in der Art, dass ein Verleger über einen Autor gestürzt wäre, der sich gerade die Schuhe zugebunden hätte. Vielleicht griff aber im Vorübergehen ein Schriftsteller einen Journalisten an, fasste ihn beim

Ärmel, jenen Zeitungsfritzen, der sein letztes Buch schlecht besprochen hatte, und das wollte der Autor nicht unwidersprochen hinnehmen?

Durchaus möglich... Wie auf der Autobahn jedenfalls, wo oft auch kein Grund für den Stillstand ersichtlich ist, ging es nach einigen Minuten plötzlich weiter.

Die Buchmesse ist sehr erfolgreich. Die Besucherzahlen wachsen, und besonders viel junges Volk streift durch die Hallen. Wenn die alle auch wirklich lesen... dann muss einem um die Zukunft des Buches nicht bange sein. An allen Ecken und Enden sind über Lautsprecher die Stimmen von Schriftstellern oder Interviewern zu hören, Trauben von jungen und älteren Menschen lauschen aufmerksam.

Und am Abend erst!

»Leipzig liest« ist der größte Lesemarathon in Deutschland. 1800 Lesungen mit Zehntausenden Besuchern. In der Stadt mutieren etwa 250 Orte zu literarischen Vortragsstätten. Von der Szenekneipe bis zum Botanischen Garten. Selbst in meiner Fleischerei Lasch am Südplatz, in der ich immer mal an der heißen Theke auftauche, werden in Umkehrung der sonstigen Gewohnheit plötzlich geistige Genüsse serviert.

Lesen hat in Leipzig eine lange Tradition. Die Geschichte der Buchstadt begann im Jahre 1481, als hier das erste Buch gedruckt wurde, und setzte sich auf andere Weise mit der 1650 erschienenen ersten Tageszeitung der Welt fort. Der Drucker Timotheus Ritzsch nannte sie die »Einkommenden Zeitungen«.

Immer mehr Verlage und Buchhandlungen siedelten sich in der Messestadt an. Und in der Folge dieser Entwicklung gründeten Persönlichkeiten aus dieser Branche 1912 die Deutsche Bücherei. Die »DeeBee«, so nennen sie Studenten und Bücherfreunde seit Jahrzehnten, wurde 2006 in »Deutsche Nationalbibliothek« umbenannt – mit dem schönen Untertitel »Bundesunmittelbare Anstalt des öffentlichen Rechts«. Bis 2010 wird für 50 Millionen Euro ein neues Magazin errichtet.

Das wird auch gebraucht. Schließlich kommen täglich 1200 Neuerscheinungen an.

Fest steht, die Leipziger werden künftig nicht etwa in die »DN«, sondern weiterhin in ihre »DeeBee« gehen, die seit 1913 alle im Inland erscheinenden deutschen und fremdsprachigen Bücher samt Übersetzungen sammelt und auch deutschsprachige Ausgaben, die im Ausland verlegt werden. Da kommt natürlich allerhand zusammen: 13,9 Millionen Bände lagern in den Magazinen. Dieser Reichtum ist für ein geringes Entgelt von jedermann zu nutzen.

Sollte das nicht Grund zu großer Freude sein? Die »Ode an die Freude« hat Schiller übrigens in einem kleinen Bauernhaus in Leipzig-Gohlis geschrieben. Das ist zum Glück noch erhalten! Dass Schiller nach Leipzig kam, war kein Zufall. Der Jurist Christian Gottfried Körner, der Vater vom bekannteren Theodor Körner und ein glühender Verehrer Schillers, hatte den Dichter eingeladen. Der in seiner Heimat Geschmähte folgte dem Ruf gern und erhoffte sich förderliche Kontakte in der Verlagsstadt. Körner half dem später erfolgreichen Verleger Georg Joachim Göschen finanziell bei der Gründung seines Unternehmens, und in dessen Verlag erschien dann auch die von Schiller herausgegebene Literaturzeitschrift »Thalia«.

Am Beginn des 20. Jahrhunderts hatten 10 von 100 Einwohnern in Leipzig beruflich mit Büchern zu tun. Jene Menschen lasen Manuskripte, bearbeiteten und korrigierten sie, gestalteten die Bücher, druckten und banden sie ein, verpackten, transportierten, verschickten und verkauften sie. Dr. Paul Roth schrieb 1914 in einer Schrift über die Buchbranche, »dass dabei Leipzig als Mittelpunkt des deutschen und in gewissem Sinne auch des Weltbuchhandels im Vordergrund steht«.

Voller Respekt sprachen die Fachleute vom »Leipziger Platz«.

Die Stadt hatte damals etwa 590 000 Einwohner. Die konnten an die Regale von 228 Buchhandlungen treten. In eine Statistik übertragen bedeutete das: Auf eine Buchhandlung kamen 2600 Einwohner. In Köln versorgte eine Buchhandlung in dieser Zeit 12 900 Einwohner.

So war das vor hundert Jahren.

Leipzig galt außerdem als die Welthauptstadt des Buchdrucks. Die Unternehmen befanden sich vor allem im Grafischen Viertel, das sich vom Zentrum bis in den Stadtteil Reudnitz zog: Haus an Haus logierten Druckereien und Buchbindereien. Hier konnte man in jeder Sprache unserer Erde seine Texte setzen lassen, egal, ob in Russisch oder Hebräisch.

Die Offizin Haag Drugulin war führend in der Branche. Dort wurde auch die legendäre Zeitschrift »Pan« gedruckt. Dank der vielen Originalgrafiken bedeutender Künstler ist sie schon lange ein gesuchtes Sammelobjekt.

Im Grafischen Viertel siedelten sich viele bekannte Verlage an, deren Editionen für jeden gebildeten Bürger ein Begriff waren. Denken wir an Brockhaus mit dem Conservations-Lexikon, Reclam mit der Universal-Bibliothek, das Bibliographische Institut von Joseph Meyer mit dem Duden: ein Dauerbestseller seit der 1. Auflage. Erwähnt seien B. G. Teubner und das Grimmsche Wörterbuch, der Insel Verlag von Anton Kippenberg mit seiner Insel-Bücherei, die seit jeher die Sammlerherzen der Bibliophilen höher schlagen ließ.

Von 1968 bis 1972 arbeitete ich im »Seemann-Haus«. Ich hatte ein Studium hinter mir und war in der Abteilung Werbung beim Leipziger Kommissions- und Großbuchhandel angestellt. Der hätte eigentlich Buchgroßhandel heißen müssen, da er nicht etwa mit »großen Büchern« handelte. Das Gebäude war nach dem Gründer eines der bedeutendsten deutschen Kunstverlage benannt: E. A. Seemann. Das legendäre Künstlerlexikon, das seit 1911 in diesem Verlag erschien und nach den Herausgebern schlicht nur der »Thieme-Becker« genannt wurde, ist entsprechend ergänzt und aktualisiert nach wie vor für Fachleute unverzichtbar.

Zwei Musikalienverlage von Weltgeltung seien aus diesem

Viertel noch genannt: Edition Peters und Breitkopf & Härtel. Jeder Musiker besitzt Notendrucke mit deren Signets.

Bücher, die weltweit Aufsehen erregten, erschienen nicht selten in Leipzig. Ich nenne stellvertretend für ein Fachbuch Einsteins »Grundlagen der Relativitätstheorie«, das bei Johann Ambrosius Barth verlegt wurde, und die ersten Prosatexte von Franz Kafka, die Kurt Wolff herausgab.

Um 1900 zählte man in der Messemetropole 2000 Unternehmen, die mit dem Buchgewerbe zu tun hatten. Jedes fünfte Buch, das in Deutschland gedruckt wurde, kam aus Leipzig.

In zwei Bombennächten des Zweiten Weltkriegs ging kaputt, was in vielen Jahren aufgebaut worden war. Achtzig Prozent des Buchhändlerviertels sanken in Schutt und Asche. Nirgendwo fand das Feuer so viel schnell auflodernde Nahrung. Man schätzt, dass im Krieg etwa 50 Millionen Bücher verbrannten.

Als die Amerikaner im Juli 1945 aus der Stadt abzogen, wanderten auch die Inhaber mancher Editionshäuser mit gen Westen, andere folgten wenige Jahre später. Nun gab es etliche Verlage zweimal. Eine Variante West und eine Ost. Reclam in Stuttgart und Reclam in Leipzig, Insel in Frankfurt am Main und Insel in Leipzig. Es entstanden über die Jahrzehnte in der DDR schöne und wichtige Bücher, wurden traditionsreiche Reihen fortgeführt. Nur zeigten die Parteioberen wenig Respekt vor Eigentum, mancher Verlag trug vor seinem Namen die drei Großbuchstaben VEB (Volkseigener Betrieb). Die betroffenen Familien übersetzten diese Abkürzung allerdings anders: Vaters Ehemaliger Betrieb.

Nachdem ich so viel über Bücher geschrieben habe, stellt sich die Frage: Wie war es hier um die schreibende Zunft bestellt?

Für wissenschaftliche Werke gab es in der Messestadt durch die Universität immer reichlich Anwärter. So ist es auch logisch, dass ein Rechtsgelehrter und Philosophieprofessor an der Universität auf die Idee kam, über Neuerscheinungen und neueste Forschungsergebnisse zu informieren. Otto Mencke gründete deshalb 1682 die erste wissenschaftliche Zeitschrift in Deutschland, die »Acta Eruditorum«. Das Vorbild war ein französisches Journal. Diese wie folgende Zeitschriften legten den Grundstein, dass sich Leipzig zu einem Zentrum der Aufklärung entwickelte.

Ansonsten muss man ehrlich konstatieren, dass Leipzig nie eine Stadt der Literaten gewesen ist, eher der Literaturwissenschaft. Vielleicht vermag ja das »Deutsche Literaturinstitut«, das junge Autoren ausbildet, fördert und dafür sorgt, dass Verlage neues Futter bekommen, diesen Zustand zu ändern. Erfolgreiche Absolventen wie Juli Zeh und Clemens Meyer sorgten in den letzten Jahren für hinreichend Aufsehen. Der Vorgänger dieser Bildungseinrichtung existierte bereits seit 1955, hieß »Institut für Literatur« und wurde im Volksmund nur die »Dichterschmiede« genannt. Bedeutende DDR-Autoren holten sich hier ihr geistiges und handwerkliches Rüstzeug, aber es wurde nicht nur immatrikuliert, sondern auch gern wieder »geext«, wenn die Studenten nicht das politische Schrittmaß einhalten wollten.

Wenn Leipzig schon keine Stadt der Schriftsteller ist, so kamen sie doch nachweislich alle immer wieder gern hierher. Wegen der Verlage. Und wegen der Messe.

Im vergangenen Jahrhundert war Leipzig die Keimzelle der expressionistischen Literatur. Zwei zufällige Begegnungen, die man schicksalhaft nennen kann, lösten diese Entwicklung aus. In der Leipziger Universität begegneten sich im Jahre 1909 (da feierte die Alma Mater gerade ihr 500-jähriges Bestehen) die jungen Studenten Walter Hasenclever und Kurt Pinthus.

Das andere Zusammentreffen fand bei einem Bibliophilen-Essen statt, denn von Büchern allein kann man ja auch nicht leben. Dort trafen am Tisch Ernst Rowohlt, der damals zwar noch Buchhandelsgehilfe, aber auch schon der jüngste deutsche Verleger war, und Kurt Wolff aufeinander. Kurt Pinthus schreibt über jene Tage: »Was man später Expressionismus nannte, wurde großenteils in Leipzig spruch- und druckreif gemacht, gleichermaßen an den Tischen von Wilhelms Weinstuben, der Zentraltheater-Bar und des schon von Goethe gern besuchten Kaffeebaums...«

Rowohlt und Wolff, die beiden Inhaber, verkrachten sich allerdings, und dies führte zur Entstehung des Kurt Wolff Verlages. Wie wir also sehen, haben Kräche in deutschen Verlagen auch schon eine lange Tradition.

»...Zu diesen Tischen und diesem einzigen Verlagsraum eilte alsbald herbei aus Berlin, Wien, Prag alles, was jung war oder sich jung fühlte: Werfel, Heym, Hiller, Brod, Ehrenstein, Becher, Kafka, A. R. Meyer nebst Frau Resi Langer, Hardekopf, Edschmid, Pulver, Leonhard, Blass, Zech, Wolfenstein, Kesser, Arnold Zweig, Wolfgang Goetz, Lissauer und die schon würdigen Carl Hauptmann, Herbert Eulenberg, Max Dauthendey, Gustav Meyrink, Heinrich Mann, Carl Sternheim.«

Wie gern hätte ich an einem der Tische in »Wilhelms Weinstuben« gesessen, um ihren Gesprächen zu lauschen. Der Erste Weltkrieg zerstörte diesen Kreis wenige Jahre später.

Ein wichtiger Name fehlt in der obigen Aufzählung, aber dieser Autor, der zu meinen Lieblingsschriftstellern gehört, machte sich auch erst in den zwanziger Jahren einen Namen: Joseph Roth. Auch er war mehrmals in Leipzig. Roth hatte hier einen Onkel, der Rauchwarenhändler war. Roths Cousin Fritz Grübel, der sich nach der Emigration in die USA Fred Grubel nannte, habe ich noch hier in der Messestadt kennengelernt. Und er war natürlich sehr stolz auf seinen berühmten Vetter. Grubel wurde der erste Vorsitzende der 1992 gegründeten Ephraim-Carlebach-Stiftung, die sich mit Leben und Werk der Leipziger Juden beschäftigt.

Joseph Roth begegnete in Leipzig wiederum einem der bedeutendsten Verleger der zwanziger und frühen dreißiger

Jahre: Gustav Kiepenheuer. In seinem Verlag brachte er den genialen »Radetzkymarsch« heraus, einen bittersüßen Abgesang auf die k. und k. Monarchie. Bei einem gemeinsamen Bummel über den Augustusplatz schlug Kiepenheuer vor, das Buch so zu nennen, und Roth stimmte begeistert zu.

Rainer Maria Rilke kam in die Messestadt, um mit dem bekannten Verleger Kippenberg, dem Chef des Insel Verlags, über seine Editionspläne zu sprechen. Außerdem warb er bei ihm für eine deutsche Ausgabe der Werke von Marcel Proust. Dieses Vorhaben verhinderte jedoch der Erste Weltkrieg.

Von diesen großen Zeiten der Buchstadt sind – bis auf wenige unzerstörte Verlags- und Druckereigebäude – nur noch ein paar Villen der Verleger übrig geblieben. Eine der bedeutendsten, jene von Herrmann Julius Meyer in der Käthe-Kollwitz-Straße 115, wurde vor wenigen Jahren liebe- und kunstvoll restauriert. Es ist ein prachtvoller Bau der Gründerzeit, dem man die Anklänge an die italienische Renaissance sofort ansieht. Die roten Klinker leuchten, die Sandsteinsimse, Portale und Fensterrahmungen heben sich beige ab. Die Dachtraufe steht über und beschützt so einen Fries in Sgraffitotechnik. Und drinnen gehen einem die Augen über, wenn man im Treppenhaus und in der Empfangshalle die wiederum italienisch inspirierten Wandgemälde bewundert. Der Besucher ahnt, dass die Idee von Meyers Lexikon reiche Früchte trug.

Zu solch einer Villa gehörte natürlich immer auch ein entsprechender Garten, in den man über eine Treppe von der Veranda aus gelangte. Oft führte ein Kiesweg zu einem im Schatten gelegenen kleinen Pavillon, in dem sommers eine Erfrischung oder Kaffee gereicht wurde. Diese Gärten atmen noch die Ruhe jener Zeit, man glaubt den Kies knirschen zu hören, als käme das Dienstmädchen mit dem Tablett den Weg entlang, um in jenem Pavillon die Getränke zu servieren.

Ich habe solch ein Dienstmädchen vor über dreißig Jahren gesprochen. Sie hatte bei dem legendären Verleger Christian

Karl Bernhard Freiherr von Tauchnitz gearbeitet. Dessen Vater Christian Bernhard gründete eine Verlagsbuchhandlung, die 1841 mit der Herausgabe der »Collection of British and American Authors« begann. Diese preisgünstigen Taschenbuchausgaben – als »Tauchnitz Edition« weltberühmt geworden – brachten es bis 1912 auf 4312 verschiedene Titel. Der Verleger hatte sich mit seiner Leistung das Vertrauen englischer und amerikanischer Autoren erworben, deren Texte er im Original herausbrachte. Er wurde zum britischen Generalkonsul ernannt, und man verlieh ihm in Deutschland den Titel Freiherr, der vererbt werden durfte. Tauchnitz war nicht nur Hofverleger des sächsischen Königshauses, sondern brachte auch Werke der englischen Königsfamilie heraus.

Europa war für diese Menschen längst schon mehr als der Name für einen Kontinent. Tauchnitz empfing jeden Mittwoch in seinem Wohnort, dem Rittergut Kleinzschocher, bedeutende Leipziger Bürger zum Gedankenaustausch. Für Menschen wie ihn war soziales Engagement selbstverständlich. So ließ er für die Gemeinde eine Volksbibliothek errichten, eine Kinderbewahranstalt und stiftete einen Teil seines Vermögens für den Bau der eindrucksvollen neoromanischen Taborkirche; als einzige Kirche in unserer Stadt besitzt sie zwei Türme.

Sein Sohn Christian Karl Bernhard führte diese Tradition fort. Jenes Dienstmädchen, damals schon weit über siebzig, erzählte mir von den Gesellschaften im Hause Tauchnitz, erinnerte sich, wie Max Klinger und Max Liebermann zu Gast waren. Sie zeigte mir stolz in ihrer kleinen Wohnung Möbelstücke, die ihr von der »Herrschaft« geschenkt worden waren... Mitten in der DDR, in einer Straße mit grauen zweigeschossigen Häusern, die teilweise noch aus der dörflichen Vergangenheit des Ortsteils Kleinzschocher stammten, muteten die Geschichten von »Herrschaft« und »Empfängen« besonders absurd an.

Ich gestehe, dass ich, nachdem die DDR im Fluss der

Geschichte verplätschert war, hoffte, nun kämen die Erben der großen Verlage, die sich ja nach dem Krieg in der Bundesrepublik eine neue Existenz aufgebaut hatten, die alle zu neuem Ansehen gekommen waren – die kämen also zurück und würden sich mit den hier »volkseigen« geführten gleichnamigen Institutionen verbinden, um die großen Traditionen wieder aufleben zu lassen. Ich glaubte, das wären die Erben ihren Altvordern, die in der Welt so viel zum Ruhme Leipzigs beigetragen haben, einfach schuldig. Allein – ich musste sehr schnell lernen (was mir eigentlich hätte klar sein müssen), dass es im Kapitalismus nicht um Traditionen, sondern um Rendite geht. Das beste Beispiel für eine gewisse Verbundenheit mit der Stadt, in der alles begann, ist noch der Brockhaus Verlag, der mit dem Bibliographischen Institut vereinigt wurde. Nach 1990 wurde auf dem riesigen Areal zwischen der Quer- und der Salomonstraße, wo dieses Unternehmen einst residiert und wo Heinrich Brockhaus 1826 die erste Schnellpresse zur industriellen Herstellung von Büchern in Deutschland eingesetzt hatte, das »Brockhauszentrum« errichtet. Größter Nutzer in diesem Gebäudekomplex ist allerdings nicht der Verlag, sondern das Renaissance-Hotel mit 356 Zimmern, Ballsaal, Konferenzräumen und Restaurant. In einem von zwei Innenhöfen – mit dieser architektonischen Gestaltung wurde an die ehemaligen drei Höfe des Verlagskomplexes vor der Zerstörung im Dezember 1943 erinnert – steht eine Büste von Friedrich Arnold Brockhaus, der nach einem beeindruckenden Verlegerleben 1823 in Leipzig gestorben ist.

Im Brockhaus-Carree arbeiten auch 50 Verlagsangestellte am A–Z-Lexikon, von der einbändigen bis zur 30-bändigen Ausgabe. Trotz Internet bleiben Lexika in Gebrauch. Ein Buch in die Hand zu nehmen, darin zu blättern, der Geruch des Einbandes, des Papiers, diese sinnliche Wahrnehmung ist nicht zu übertreffen. Ein Verlagsmitarbeiter zeigte mir, was solch ein Band im Gebrauch aushalten muss, zum Beispiel dass er, die Buchdeckel umgeklappt, in einer Hand gehalten wird.

Dann dokumentierte er mir die Qualität der Buchverarbeitung, indem er den Band mit zwei Fingern an einer Seite hält und den Buchkörper schwingt, ohne dass dieser Schaden nimmt.

Und was blieb vom legendären Leipziger Reclam Verlag, den im Osten jedes Schulkind kannte? Ein Gymnasium mit dem Namen des Verlegers und eine Straße. Von Verlagsmitarbeitern keine Spur. Viele Generationen haben die kleinen Hefte auf der Schulbank liegen gehabt. Mit dieser preisgünstigen Erfindung konnte seit 1867 plötzlich jeder die wichtigsten Werke der Weltliteratur lesen.

Zu DDR-Zeiten galt Reclam zudem als ein Verlag mit höchstem buchkünstlerischem Anspruch. Eine ganze Reihe von Ausgaben sind exzellent illustriert worden. Der kunstsinnige Verleger Hans Marquardt hat sich in Ost und West einen Namen gemacht. Mit dem Jahr 1990 wurde aus dem Verlag mit Profil eine Niederlassung, die schließlich in eine Niederlage für die Mitarbeiter mündete. Reclam finden Sie nicht mehr im Leipziger Telefonbuch. Aus der Traum. Nach 177 Jahren schlossen die Erben im Jahre 2006 die Leipziger Büros. Zwei Jahre zuvor, zum 175., zitierte man noch in der Verlagsleitung West den Spruch des Gießener Philosophen Odo Marquard: »Zukunft braucht Herkunft.« 24 Monate später hatte man die Herkunft zugunsten der eigenen Zukunft aufgegeben.

Vor dem Reclam-Haus in der Inselstraße stehend, fällt einem oben an der Fassade sofort das berühmte R zwischen geflügelten Löwen ins Auge. Ein Relief zeigt im Profil die Köpfe der beiden Dichterfürsten Goethe und Schiller. Auf einem anderen liest eine Mutter gerade ihren Kindern etwas vor. Daneben steht eine Merkur-Figur mit Büchern. Vorbei! An diesem Ort hat es sich ausgehandelt!

Im eindrucksvoll renovierten Gebäudekomplex glänzen in der Eingangszone noch die originalen Fliesen. Graue stilisierte Bäume heben sich vom Weiß des Untergrunds ab. Aber die Wurzeln sind gekappt, hier blüht nichts mehr, was mit dem Buch zu tun hat. Man findet sonst was in jenem Haus. Ein Londa-Fachstudio zum Beispiel. Die beschäftigen sich mit Frisuren und Kosmetik.

Kosmetik der besonderen Art betreibt das westdeutsche Mutterhaus. »Reclam Leipzig« prangt noch auf etlichen Novitäten. Die langjährige Leipziger Lektorin für Romanistik nennt das mit Recht »Etikettenschwindel«.

Nach 1945 zogen die Erben weg; als Deutschland wieder vereinigt wurde, zog die nächste Generation das Erbe aus Leipzig ab. Der berühmte Verlag residiert nun im weltbekannten Ditzingen.

Vorm Haus in der Inselstraße liest der Spaziergänger:

»In diesem Gebäude wirkte und arbeitete
Anton Philipp Reclam,
Begründer der weltberühmten Universalbibliothek.«

Daneben sollte eine zweite Tafel geweiht werden:

»In diesem Gebäude könnten die Mitarbeiter von
Reclam Ost
noch wirken und arbeiten, wenn es das Mutterhaus gewollt hätte.«

Als ich mich 1989 in Jerusalem im Antiquariat vom alten Herrn Stein, der aus Frankfurt am Main stammte, als Leipziger zu erkennen gab, fragte er mich als Erstes: »Gibt es da noch den Insel Verlag?« Ich konnte bejahen, und es existiert auch heute noch eine bescheidene Niederlassung. Was aber der Verleger Elmar Faber seinem Kollegen Siegfried Unseld schwer übel nahm (und ihn zu Lebzeiten dafür auch rüffelte), ist die Tatsache, dass Unseld im neuen Deutschland das Insel-Archiv aus Leipzig weggeholt hat. »Dieses Archiv ist eine Kulturgeschichte des 20. Jahrhunderts«, meint Faber, »das in unsere Stadt gehört!« Es lagert nun in Frankfurt am Main.

Gibt es keine Hoffnung mehr für die Buchstadt Leipzig?

Wer heute durch das ehemals weltberühmte Grafische Viertel streift, der kann beim Anblick der vielen kriegsbedingten Lücken, der ruinösen Restgebäude und der leer stehenden renovierten oder nicht renovierten Häuser melancholisch werden. Gleich gegenüber vom Reclam-Haus befindet sich ein schön hergerichtetes Gebäude, dem man die Druckerei-Vergangenheit noch ansieht. Die großen Fenster im Kellerbereich zeigen an, dass dort unten einmal Druckmaschinen im Takt stampften. Über der Tür wirbt nun ein »Bowling-Tempel«.

So manche Schneise hat der Krieg in dieses Gebiet geschlagen, und so manches verfallende Gebäude erhöht die Tristesse des Quartiers. Nicht eine der bekannten Papierhandlungen wie Sieler & Vogel oder Poensgen & Heyer existiert hier noch, Druckereigebäude stehen leer. Die in Leipzig ansässigen Verlage haben sich, bis auf Brockhaus, längst an anderen Stellen der Stadt angesiedelt. Die einstmals gerühmte Buchstadt lebt nur noch als Angabe des Verlags- und Druckereiortes in den Büchern aller Bibliotheken dieser Welt fort.

Die Musikstadt

Leipzig kann auf musikalischem Gebiet mit einer großen Tradition aufwarten und mit bedeutenden Namen, die hier wirkten. Eine Zeit lang sprach man im Rathaus neben der Messe vor allem von der Buchstadt Leipzig. Diese Branche hat sich, wie erwähnt, seit 1990 nicht besonders glücklich entwickelt. Viele Blütenträume schafften es nicht mal bis zum Ansatz einer Blüte. Deshalb wurde von den flexiblen Kulturverantwortlichen das »u« der Buchstadt einfach durch ein »a« ersetzt: Von der Bachstadt spricht und schreibt man nun allerorten.

»Bach wird unser Botschafter sein«, sagte der Geschäftsführer vom Leipzig Tourist Service. Das Bachfest gewinnt an Bedeutung. Was Mozart für Salzburg ist, soll Bach für Leipzig werden. Wie dort die Mozartkugeln, sollen hier die Bachpfeiffen aus Schokolade die Kassen klingeln lassen.

Die Souvenirhersteller haben ihrer Phantasie keine Zügel angelegt: Vom Jahrgangssekt Johann Sebastian (extra trocken) über große und kleine Kaffeetassen (die »Kaffeekantate« lässt grüßen!) bis zu Baseballkappen, T-Shirts, Rucksäcken, Bleistiften und Radiergummis ist das volle Sortiment im Thomasshop neben der Kirche im Angebot.

Was mich beruhigt hat: Am häufigsten kaufen Bachfreunde immer noch CDs mit seiner Musik. Was mich eher beunruhigt hat: dass die Verantwortlichen der Kirche für diesen Laden nicht ohne den Begriff »shop« ausgekommen sind. Wenige Meter entfernt gab es bis 1990 einen Intershop. Ohne »shop« geht's wohl nicht, weder in Ost und noch in West. Und Läden sterben langsam aus.

1723 zog Bach nach Leipzig, wirkte über 27 Jahre in der Thomaskirche und komponierte neben seinen Kirchenkantaten göttliche Werke zuhauf. So zum Beispiel die »Matthäuspassion«, die »Hohe Messe in h-Moll«, einen Teil des »Wohltemperierten Claviers«, die »Kunst der Fuge« und das »Weihnachtsoratorium«.

Was wäre der deutsche Bildungsbürger in der Adventszeit ohne dieses Werk?! Wie soll er in diesen schnöden materiellen Zeiten in weihnachtliche Stimmung kommen? Bach sei Dank kann er jauchzen und frohlocken. Allerdings gibt es hastige Kunstfreunde, denen das Wort »Weihnachtsoratorium« für ihr Kunstverständnis einfach zu lang ist und die dann mit der Insiderfrage nerven: Hast du schon Karten fürs WO?

O weh!

Wer es dennoch schaffte, eine Karte zu ergattern, und die engelhaften Stimmen der Thomaner in der gotischen Thomaskirche zu hören bekommt, kann sich glücklich schätzen. Die holen ein Stück Himmel auf die Erde. Selbst Atheisten werden hier lammfromm.

Der Chor ist die älteste kulturelle Einrichtung der Stadt. 2012 wird er ein großes Jubiläum begehen! 800 Jahre nach der Gründung des Augustiner-Chorherrenstiftes zu St. Thomas. Nun ist geplant, dass es für den Thomanerchor ein Forum Thomanum geben wird, in das die Thomasschule und das Alumnat, ein Kindergarten, eine Grundschule, ein internationales Beggenungszentrum und auch die Lutherkirche am nahe gelegenen Johannapark einbezogen werden sollen. An einer Jugendmusikakademie werden junge Menschen gefördert. Erfahrungen zeigen, dass musizierende Jugendliche weniger aggressiv sind, logischer denken und mehr Phantasie entwickeln. Davon können wir gar nicht genug haben.

Bach und seine Jünger haben also in Leipzig eine große Zukunft. – Übrigens kann man einen oder mehrere Thomaner sogar käuflich erwerben. Im Thomasshop gibt es welche aus Keramik in kleiner, mittlerer und großer Ausgabe. Und wer drei Figuren kauft, erhält zehn Prozent Rabatt! Der erhöht sich gravierend, wenn man – falls genügend Wohnraum vorhanden ist – die Figuren in der Originalbesetzung des Chores erwirbt. Also 94 Stück.

Ich glaube, dass jene Menschen, denen die Nikolaikirche am Herzen liegt, immer etwas traurig sind. Ist doch kaum bekannt, dass Bach zwei Drittel seiner in Leipzig geschaffenen Werke in der größten Kirche der Stadt uraufgeführt hat. Selbst sein Probespiel vor wie auch die Kantate zum Amtsantritt 1723 absolvierte der geniale Musiker in der Nikolaikirche. Die Kantate hieß »Die Elenden sollen essen«. Die Aussage ist reichlich 280 Jahre später bei der Betrachtung unserer Welt leider genauso aktuell.

Der Thomaskantor mochte Leipzig und seine Bewohner. Er hat dem »Volk der Linden«, Leipzig wird ja auch die Lindenstadt genannt, in Kantatentexten verschiedentlich ein Denkmal gesetzt. In der Hochzeitskantate für einen Leipziger Kaufmann heißt es:

»Vergnügte Pleißenstadt,
dein Labsal wächst und glänzt vor andern allen,
wer seine Lust an deinem Prangen übt,
der wird und bleibt in dich verliebt,
dem kann es nirgends mehr gefallen.«

Damit geht er vielleicht etwas zu weit, aber die Stadt hat wohl den einen oder anderen Zugereisten so fasziniert, dass er für immer in Leipzig geblieben ist. Diese Erfahrung haben seit

1990 nicht wenige Menschen aus den alten Bundesländern gemacht! Und mancher Student wäre gern nach seinem Abschluss hiergeblieben – wenn nur das leidige Problem mit den Arbeitsplätzen nicht wäre!

In der Kantate »Erwählte Pleißenstadt« lässt Bach Merkur, den Gott des Handels, singen:

»Angenehmes Pleiß-Athen,
wie die Diamanten dauern,
also werden deine Mauern
unbeweglich feste stehen.

Wer dich höret, wer dich nennt,
wer dich liebet, wer dich kennt,
wird dein Lob noch mehr erhöhn,
weltberühmtes Pleiß-Athen.«

Auch die Texte sind vermutlich von Bach selbst verfasst worden. Wegen der schön angelegten großzügigen Gärten mit diversen kleinen Tempeln wurde Leipzig damals Pleiß-Athen genannt, doch Klein-Paris hat sich durchgesetzt, genau wie für Dresden der Beiname Elb-Florenz.

Wie gingen die Ratsherren nun mit dem Genie Johann Sebastian Bach um? Überhäuften sie ihn mit Anerkennungen und Lob? Nicht im Traum ehrten sie ihn. Er hatte Reibereien mit den Stadtoberen, sprach von der »wunderlichen, der Music wenig ergebenen Obrigkeit«.

Als Bach 1750 gestorben war, wurde er von den undankbaren Ratsherren auf dem Johannisfriedhof an der Mauer der Johanniskirche begraben. Erst im Jahre 1885 ließ der Rat der Stadt endlich an jener Stelle eine Gedenktafel anbringen. 1900 wurden die Gebeine Bachs in die Kirche umgebettet. Dort fand seine liebe Seele noch immer nicht Ruhe, denn das Gotteshaus wurde im Krieg zerstört. Als die Trümmer beseitigt werden sollten, öffnete man die Gruft. 1949 kamen die sterblichen Überreste in die Stätte seines Wirkens, in die Thomaskirche. Dort im Chorraum können Sie dem genialen Komponisten die Ehre erweisen. Auf der Grabplatte liegen immer Blumen von Besuchern aus aller Welt.

Sie werden sich fragen: Wo hat Bach eigentlich in Leipzig gewohnt?

Gleich neben der Kirche. Aber die Ratsherren haben 1902 die quer zum Kirchenschiff stehende Thomasschule abreißen lassen, um dort das Gebäude der Superintendentur zu errichten. Dieses Haus zu bauen erschien ihnen wichtiger als die Wohnung von Bach zu erhalten.

Das erste Bach-Denkmal haben auch nicht etwa die Ratsherren oder die Geistlichen der Thomaskirche in Auftrag gegeben und finanziert, sondern ein getaufter deutscher Jude, Felix Mendelssohn Bartholdy, sorgte sich darum. Er hat es in den Anlagen am Thomasring 1843 errichten lassen. Dieses erste Bach-Denkmal erinnert auch daran, dass Mendelssohn entscheidend die Wiederentdeckung und vor allem die Wiederaufführung der vielfach bereits vergessenen Kompositionen Bachs einleitete.

Beim zweiten Bach-Denkmal, das auf der südlichen Seite des Thomaskirchhofs steht, hat endlich die Stadt ins Säckel gegriffen. Dafür ließ man sich Zeit bis 1908. Bach steht dort auf einem Sockel vor einer Orgel. Da er für eine große Familie zu sorgen hatte und anfangs von der Stadt schlecht bezahlt wurde, ließ Professor Seffner das Futter einer Tasche seines Mantels heraushängen – als Symbol, dass er keinen roten Heller einstecken hatte. Dass ihm Äußerlichkeiten nicht so wichtig waren bzw. dass er unentwegt beschäftigt war, dies sollte wohl am zweiten Knopf seiner Weste gezeigt werden, der nicht, wie es sich gehört, ordentlich ins Loch geknöpft ist. Wie mir der Leipzig-Autor und Stadtgeschichtler Otto Künnemann erzählte, hatte Seffner sogar vor, Bach mit einem fehlenden Knopf aufs Postament zu stellen. Das war aber den Stadtoberen zu deftig – Bach mit einem »abbn Gnobb«.

Auf der Rückseite des Denkmals ist im Relief eine Ansicht der alten Thomasschule zu sehen. Eine Geste der Erinnerung, dabei hätten Schulgebäude und Alumnat mit den Räumen der ehemaligen Kantorenwohnung nur wenige Schritte vom Denkmal entfernt stehen können...

Gegenüber, im sogenannten Bosehaus, befindet sich das Bach-Museum. Dort gibt es im Hintergebäude unter dem Dach einen zauberhaften Musiksaal, in dem sollen die Familien Bach und Bose seinerzeit aufgespielt haben. Der heutige Konzertraum mit einem Deckengemälde von Wolfgang Peuker entstand in den siebziger Jahren.

Im Bosehaus hat auch das Bach-Archiv seinen Sitz, man sammelt und forscht über den großen Musiker. Ohne es je beabsichtigt zu haben, hat Bach nun das hier jahrzehntelang ansässige Kabarett »Leipziger Pfeffermühle« vertrieben, damit sich selbst in der Erdgeschosszone alles um den Thomaskantor dreht. Sogar ein Barockgarten soll hinterm Haus entstehen. Bedauerlich ist die Kündigung des Kabaretts durch die Stadtverwaltung Leipzig auf alle Fälle, denn die Brettlbühne hatte Atmosphäre, der romantische Hof konnte im Sommer als Spielstätte genutzt werden, und die dazugehörige stimmungsvolle Kneipe war beim Szenepublikum sehr beliebt. Hinzu kommt, dass es sich um die vermutlich älteste Kleinkunstbühne Deutschlands handelt und diese Tradition nun nach genau achtzig Jahren abgebrochen wird. 1927 öffnete an dieser Stelle das letzte sächsische Volkstheater, die »Seidel-Sänger-Singspiele«.

Bach würde bestimmt über den Rat wieder mal den Kopf schütteln: Erst reißen sie sein Wohnhaus ab, und nun macht die Stadt so viel Aufstand, weil er in jenem Gebäudekomplex am Thomaskirchhof mit Herrn Bose musiziert hat...

Gerettet ist wenigstens die Wohnung eines anderen großen Komponisten, der in Leipzig wirkte: die von Felix Mendelssohn Bartholdy. Das Haus war im DDR-Leipzig nicht im besten Zustand. Bloß, welches Haus in der Stadt war das damals schon? Es blieb uns zum Glück erhalten, obwohl sich im Wohn- und Sterbehaus von Mendelssohn der Hausschwamm eingenistet hatte.

Die Internationale Mendelssohn-Stiftung bewies in den letzten Jahren großes Engagement und vollbrachte ein kleines, nein, ein größeres Wunder. Trotz aller Schäden wurden viele Originalteile des Gebäudes gerettet. Und nun sehen Sie sich heute dieses prächtige Haus an! Das Arbeitszimmer von Mendelssohn konnte rekonstruiert werden. Felix, der Sohn von Ignaz Moscheles, eines bedeutenden Pianisten und Klavierpädagogen, und Mendelssohns Patensohn, hatte in den Tagen nach Mendelssohns Tod zum Glück auf einem Aquarell festgehalten, wie der Raum eingerichtet war.

Im Stadtgeschichtlichen Museum befanden sich seit 1970 Originalmöbel und Gegenstände aus dem Besitz der Familie Mendelssohn. Die »überwinterten« während der Nazizeit beim Superintendenten Rißmann, der sie von Dr. Wach, einem Enkel von Mendelssohn, übernommen hatte. Das Mobiliar kam zurück ins Mendelssohn-Haus und wurde durch andere Möbelstücke aus der Zeit ergänzt. Für das ehemalige Arbeitszimmer Mendelssohns wurde sogar manches Stück nach der Zeichnung des jungen Moscheles nachgebaut, damit man schließlich alles an seinen Platz rücken konnte. Selbst die Bilder hängen dort, wo sie einst angebracht worden waren.

Felix Mendelssohn Bartholdy ist ein Enkel vom großen Moses Mendelssohn, dem Philosophen. Der Vater von Felix stand also zwischen zwei Berühmtheiten. Deshalb soll er einmal gesagt haben: Als ich jung war, hieß es immer, ich bin der Sohn von Moses Mendelssohn, als ich alt war, ich bin der Vater von Felix Mendelssohn Bartholdy. Und wer bin *ich*?!

Mendelssohn war, wie Bach, ein absoluter Glücksfall für unsere Stadt. Ein Berliner in Leipzig! Normalerweise reisen Künstler um ihrer Karriere willen in umgekehrter Richtung.

In der Messestadt trat er sein Amt als Musikdirektor des

Gewandhauses an. Er legte den Grundstein für den Weltruhm dieses Orchesters. Mendelssohn gab bachsche Werke heraus, führte sie wieder auf und komponierte in Leipzig verschiedene Konzerte für Klavier und Violine, Oratorien wie »Elias« und »Paulus«.

Im Jahr 1841 schrieb Mendelssohn an seinen Freund Karl Klingemann in London. In jener Zeit versuchte Friedrich Wilhelm IV., den Komponisten für mindestens ein Jahr an Berlin zu binden: »...einer der sauersten Äpfel, in die man beißen kann, und doch muß gebissen sein.«

Mendelssohn konstatiert, er habe in Leipzig »besser Fuß gefaßt und mehr Zutrauen gewonnen, als ich vielleicht mein Lebenlang in Berlin getan hätte, und das ist doch auch was wert«. Und er bemerkt kritisch über die Berliner Mentalität: »...aber da kommt ja schon wieder das Berlinsche Zwitterwesen; die großen Pläne, die winzige Ausführung; die großen Anforderungen, die winzigen Leistungen; die vollkommene Kritik, die elenden Musikanten; die liberalen Ideen, die Hofbedienten auf der Straße; das Museum, die Akademie und der Sand! Ich zweifle, daß länger als das eine Jahr dort meines Bleibens sein wird.«

Eine andere Zeit, eine andere Mentalität. Nicht mit heute zu vergleichen!

»Noch ein kurioses Mißverständnis ist in Hinsicht des Vergleichs der beiden Städte Leipzig und Berlin. Du glaubst, und dasselbe haben mir mehrere Hiesige und Auswärtige gesagt, hier in Leipzig sei die Bequemlichkeit, das Hausvaterleben, die Abgeschlossenheit, dort das öffentliche Wirken in und für Deutschland, die Tätigkeit für andere etc. Es ist wahrhaftig gerade umgekehrt.«

Mendelssohn ist die Gründung des ersten deutschen Konservatoriums der Musik zu verdanken. Es existiert noch – als Leipziger Hochschule für Musik und Theater. Die Einrichtung ist seit 1972 zu Recht nach ihm benannt.

Sein Wirken beeindruckte. Die Universität verlieh ihm die

Ehrendoktorwürde der Philosophischen Fakultät und die Stadt Leipzig 1843 sogar die Ehrenbürgerschaft. Doch alles das war knapp hundert Jahre später kein Grund für die Nazis, sein Andenken zu schonen. Das Mendelssohn-Denkmal vor dem Gewandhaus wurde in einer Nacht-und-Nebel-Aktion am 9. November 1936 entfernt. Haargenau zwei Jahre vor dem berüchtigten Novemberpogrom von 1938.

Die Leipziger hatten 24 Jahre gebraucht, um das Geld für dieses Denkmal zu sammeln. Aber immerhin, 1892 konnte es enthüllt werden. Die drei Meter hohe Bronzefigur stand auf einem Granitsockel. Zu ihren Füßen saß eine schöne Frau im langen Gewand (es stand ja auch vorm Gewandhaus...) – die Dame symbolisierte die Muse der Musik. Links von ihr sangen zwei Engel, rechts von ihr musizierten zwei weitere, und schließlich kündeten zwei Bronzeplatten am Sockel von weltlicher und geistlicher Musik. Auf beiden Gebieten leistete Mendelssohn, wie wir wissen, Großes. Was er wohl der Welt noch an grandioser Musik geschenkt hätte, wenn er statt 38 vielleicht 68 Jahre alt geworden wäre...

Das Denkmal blieb verschwunden, alle Nachforschungen nach dem Krieg waren erfolglos, es wurde vermutlich eingeschmolzen. Der Volksmund hatte das schon in der Nazizeit lakonisch kommentiert: »Er war eine Kanone, und er wird eine Kanone.«

Zum 100. Geburtstag von Mendelssohn Bartholdy wurde 1947 vor der Ruine des alten Gewandhauses zwischen der Mozart- und der Beethovenstraße eine nach der Totenmaske modellierte Porträtbüste von Walter Arnold enthüllt, die sich heute, unweit davon, am Pleißemühlgraben befindet. Und schließlich schuf Jo Jastram, der Rostocker Bildhauer, ein Mendelssohn-Denkmal, das 1993, zum 250-jährigen Jubiläum des Gewandhausorchesters, am Augustusplatz feierlich enthüllt wurde. Es steht heute im Inneren des Konzerthauses, im Foyer des Mendelssohn-Saals. So zog der große Musiker in Leipzig immer wieder um.

In der Thomaskirche wird seiner Verdienste mit einem Mendelssohn-Fenster gedacht, ließ er doch an diesem Ort die vergessene »Matthäuspassion« von Bach 1841 wieder aufführen. 1889 gab es schon einmal einen Versuch der Gemeinde, ihn in dem Gotteshaus zu ehren. Das verhinderten antisemitische Vorurteile wie: »Der deutsche Bach und der Jude Mendelssohn! Das geht doch nicht!« Die Kirche gab dem Druck nach. Damals akzeptierten diese Brüder und Schwestern nicht einmal, dass sich Mendelssohn mit seiner Taufe zum Christentum bekannt hatte.

Wohin solche Vorbehalte und wohin blindwütiger Rassismus führen, das konnte man dann ein halbes Jahrhundert später wenige Schritte von der Thomaskirche entfernt erleben. In der Nacht vom 9. zum 10. November 1938 steckten fanatische Nazis die große Gemeindesynagoge, einen Bau des Semperschülers Otto Simonsohn, in der Gottsched-/Ecke Centralstraße in Brand. Zu deren Einweihung im Jahr 1855 hatten noch die Thomaner gesungen.

Auf der Fläche des jüdischen Gotteshauses stehen heute 140 bronzene Stühle. Sie laden ein, Platz zu nehmen, sich zu erinnern, darüber zu reden, was an Unrecht geschah (und geschieht). Die leeren Stühle, entworfen von Anna Dilengite und Sebastian Helm, sind eine unaufdringliche Mahnung, und mancher – ob Jude oder Nichtjude – hat sie schon als Ort des Gedenkens angenommen.

In der Thomaskirche ist die Abkehr von ignoranten Meinungen der Vergangenheit sichtbar. Mit einer Verspätung von über einhundert Jahren leuchten nun die farbigen Bleiglasscheiben und erinnern an den Bach-Verehrer Mendelssohn. Der ehemalige Thomasschüler Dr. Wolfgang Jentzsch stiftete das Geld für das Mendelssohn-Fenster.

Mit Bach und Mendelssohn ist das Wirken bedeutender Komponisten in Leipzig nicht erschöpft. Da wäre Robert Schumann zu nennen. Der liegt mir besonders am Herzen, da er in meiner Heimatstadt Zwickau geboren ist. Und natürlich habe ich seinerzeit auch die »Träumerei« in sehr bescheidener Interpretation – sicher zum Leidwesen unserer Hausbewohner – auf dem Klavier geübt.

Der Leipziger Klavierlehrer Friedrich Wieck wollte Schumann zu einem außerordentlichen Pianisten ausbilden. Was er aber gar nicht wollte: ihm seine Tochter Clara zur Frau geben! Dabei waren die beiden ein ideales Künstlerpaar. Clara Wieck debütierte bereits als Neunjährige in einem Leipziger Gewandhauskonzert und war später eine geniale Interpretin der Werke ihres Mannes. Geheiratet haben die beiden schließlich doch, obwohl sie erst ein Gericht bemühen mussten, um den Widerstand von Wieck zu brechen!

Schumann hat Mendelssohn Bartholdy viel zu verdanken. Er führte nicht nur seine »Frühlingssinfonie« in Leipzig auf, sondern holte ihn auch als Lehrer an das neu gegründete Konservatorium. Das Wohnhaus der Schumanns ist in der Inselstraße zu besichtigen. Darin finden Sie neben einer Begegnungsstätte, in der ab und an Konzerte stattfinden, die Freie Grundschule »Clara Schumann«. Und dort geht es natürlich musikalischer zu als in anderen Schulen.

1813 wurde endlich auch ein großer deutscher Komponist in der Musikstadt geboren:

»Im wunderschönen Monat Mai
kroch Richard Wagner aus dem Ei!
Es wünschen alle, die ihn lieben,
er wäre lieber dringeblieben!«

Dieser Spruch wurde nicht etwa von einem Kritiker gereimt, sondern stammt von Wagner selbst. Im Jahr der Völkerschlacht erblickte er das Licht der Welt, gestorben ist er genau siebzig Jahre später in der Lagunenstadt. Tod in Venedig. Diese Kulisse entspricht ihm, ist operngemäß.

Und wie schon bei Bachs Wohnung versagte die Stadt auch bei der Erhaltung von Wagners Geburtshaus. Der Rat verschwendete keinen Gedanken daran, dass dereinst Ströme von Wagner-Verehrern herbeigelockt worden wären: Das Gebäude am Leipziger Brühl wurde 1886 abgerissen. Der Meister hat das schon nicht mehr erlebt.

Die Fläche wurde mit einem Kaufhaus bebaut. Bei Leipzigs Handel und Wandel verliert eben Geburtshaus gegen Kaufhaus. Auf Wagner verweist allein eine schlichte Tafel. Deshalb strömen die Musikliebhaber heutzutage lieber nach Bayreuth und lassen die Messestadt links (oder rechts) liegen.

Es wird gesagt, Wagner hoffte darauf, Dirigent des Gewandhausorchesters zu werden, aber man berief 1835 nicht ihn, sondern Mendelssohn. Der Meister grollte... Sind antisemitische Vorurteile vielleicht aus Neid erwachsen? In seiner Schrift »Das Judentum in der Musik« hat er sich nicht sehr nobel über Mendelssohn geäußert. Natürlich konnte Wagner nicht ahnen, dass er schon wegen dieser Schrift von den Nazis besonders geschätzt werden würde...

Ehe Richard Wagner in der Stadt Leipzig zu einem Denkmal kam, verging wie gewohnt eine geraume Weile. Der Grundstein wurde 1913 gelegt. Doch dann begann der Erste Weltkrieg, und es gab andere Probleme. Außerdem starb der mit dem Entwurf und der Ausführung beauftragte Künstler Max Klinger. Der Sockel für das Denkmal mit Reliefs der schwimmenden Rheintöchter und anderer Figuren aus dem »Ring des Nibelungen« wurde nahe dem Atelier im sogenannten Klingerhain aufgestellt.

Später wollten die Nazis Richard Wagner zu Ehren ein Nationaldenkmal errichten, ihm, dem deutschesten aller Komponisten. Große Pläne hatten die Nationalsozialisten ja immer, bloß mit der Ausführung haperte es. Wieder wurde mit großem Brimborium ein Grundstein gelegt, der Führer selbst hielt Hof in der Messestadt, aber es nutzte alles nichts, die Anlage kam nicht voran, weil inzwischen der Zweite Weltkrieg begonnen hatte. Die Reste dieses Hains sind heute noch am Elsterflutbecken zu sehen.

Den Kulturverantwortlichen im DDR-Leipzig war es wohl irgendwann peinlich, dass an den großen Sohn der Stadt, der hier die Nikolaischule besucht und an der Universität studiert hatte, kein Denkmal erinnerte. Nun konnten sie ja nicht am Elsterflutbecken das Denkmalserbe der Nazis antreten. Wieder gingen Jahrzehnte ins Land. Schließlich hatte jemand eine praktikable Idee. Man nahm 1983 eine von Klinger 1904 geschaffene Büste des Komponisten, ließ einen Bronzeguss anfertigen und postierte diesen auf einer Stele in den Schwanenteichanlagen. Dort steht sie immerhin in Sichtweite der Oper, wo Wagners Schaffen seit Jahrzehnten gepflegt wird. Legendär ist die »Ring«-Inszenierung von Joachim Herz geworden, mit ihr bekam Wagner wenigstens zum 100. Todestag in seiner Heimatstadt endlich die überfällige Würdigung.

Und noch ein paar »Große«, die in unserer musikalischen Stadt wirkten, sollen nicht unerwähnt bleiben: Albert Lortzing kam 1833 nach Leipzig. Er war am Stadttheater als Schauspieler, Musiker und Dirigent tätig, komponierte hier seine Opern »Zar und Zimmermann« und »Der Wildschütz«. Bei den klammen Kulturkassen im Land wäre das heute die Lösung: drei Berufe auf einer Planstelle!

1907 zog Max Reger von München nach Leipzig und wurde Professor für Komposition am Konservatorium. Zeitweise war er Universitätsmusikdirektor. Er hatte schon vorher erlebt, wie ihn das Leipziger Publikum stürmisch feierte. Wie Mendelssohn ist er in Leipzig gestorben.

Auch Edvard Grieg, der große norwegische Komponist, hatte eine besondere Beziehung zur Musikstadt Leipzig. 1858, damals hieß unsere Musikhochschule noch »Königliches Conservatorium der tonsetzerischen Künste«, kam er als Fünfzehnjähriger hierher und studierte bei dem bedeutenden Pianisten Ignaz Moscheles; Komposition lehrte ihn der Gewandhauskapellmeister Carl Reinecke. Nach dem Studium brach der Kontakt zu Leipzig nicht ab, im Gegenteil, sein kompositorisches Werk gab er in die Hände von Max Abraham, Chef des weltberühmten Musikverlages C. F. Peters. Abraham war die hohe Begabung des jungen Norwegers aufgefallen. Im Jahre 1889 schloss Grieg mit dem Verlag einen Vertrag über das alleinige Recht der Veröffentlichung seiner Werke.

Das ehemalige Verlagshaus in der Talstraße, dessen Zustand schon sehr bedenklich war, wurde unlängst zum Glück verkauft und liebevoll restauriert. Seitdem befindet sich im Haus eine Gedenk- und Begegnungsstätte zu Ehren Griegs. Der Komponist war oft mit seiner Frau Nina Gast bei den Verlegern Max Abraham und Henri Hinrichsen und komponierte hier seine »1. Peer Gynt-Suite«. Im ehemaligen Musiksalon in der Beletage, der in seiner alten Ausstattung erhalten blieb und in dem Grieg seine neuen Kompositionen vorspielte, finden wieder Konzerte statt.

Doch wie ist es heute um das Musikleben Leipzigs bestellt? Großartig! Leipzig musiziert! Leipzig klingt!

Die Fülle ist unglaublich. Von Berufsmusikern bis zu den ambitionierten Laien. Vom MDR-Sinfonieorchester bis zum Akademischen Orchester der Universität. Folk, Rock, Jazz. Das Angebot an Konzerten könnte problemlos eine Millionenstadt befriedigen. An einem Sonnabend habe ich auf der Veranstaltungsseite der »Leipziger Volkszeitung« die Konzerte am Wochenende gezählt: Es waren über zwanzig! An unterschiedlichen Orten wird musiziert. Nicht nur in Konzerthallen, sondern auch in Kirchen, im Alten Rathaus, in einem Schlösschen in Gohlis, in Schulen oder einem alten Kino, im Mendelssohn-Haus und natürlich »Open Air«. Selbst im Bundesverwaltungsgericht erklingt Musik!

Auch gesungen wurde in Leipzig schon immer. Nicht nur in der Oper, der Operette oder auf Kleinkunstbühnen, sondern in den verschiedensten Chören. Noch heute gibt es reichlich Chorgesang zu hören, vom Kirchenchor bis hin zu solch einem einmaligen Ensemble wie dem Synagogalchor, der schon weltweit aufgetreten ist und in dem nichtjüdische Sängerinnen und Sänger jüdisches Erbe pflegen. Andererseits sind auch die »Prinzen«, deutschlandweit bekannte Pop-Gruppe, aus Leipzig und künden mit ihren bei den Thomanern geschulten Stimmen von der Musikstadt.

Nun aber zum Hort der Musik in Leipzig: dem Gewandhaus. Das heißt nicht so, weil die Damen und Herren ihr schönstes Gewand anziehen, wenn sie sich für das Konzert fein machen; das Zunfthaus der Tuchmacher trug diesen Namen. Über den Tuchböden des Gewandhauses wurde 1781 ein Konzertsaal eingeweiht. Mit Deckengemälde und einer tollen Akustik. Aber – wie so oft in Leipzig –, für den Neubau eines größeren Gebäudes, des Messehauses Städtisches Kaufhaus, wurde der Konzertsaal 1894 abgerissen. Und – wie auch so oft in Leipzig – gegen den Protest vieler, die etwas Liebgewordenes bewahren wollten. Doch gab es seit 1884 ein neues Gewandhaus zwischen Beethoven- und Mozartstraße, das die Leipziger in ihr Herz schlossen, der Ausstattung und vor allem wieder der Akustik wegen. Das schöne Haus wurde im Krieg schwer beschädigt. Die Ruine bot einen traurigen Anblick für die Musikfreunde der Stadt, bis sie 1968 abgerissen wurde.

Und wo spielten nach dem Krieg das Gewandhausorchester und das Rundfunk-Sinfonieorchester, wo sang der Rundfunkchor? Direkt am Zoo, in der Kongresshalle. So konnten die Konzertbesucher mitunter neben den Trompeten im Orchester auch das Trompeten der Elefanten hören.

Großartige Konzerte gab es in jenen Tagen unter Franz Konwitschny mit Yehudi Menuhin, Igor und David Oistrach, Leopold Stokowski und vielen anderen. Gewandhauskapellmeister Masur setzte sich schließlich bei Honecker vehement für den Bau eines neuen Konzertsaales ein, und so wurde 1981 das dritte und größte Gewandhaus in der Geschichte des Orchesters eröffnet, am heutigen Augustusplatz. Wieder ist die Akustik hervorragend!

Die Krönung der Musikpflege in Leipzig ist und bleibt neben dem Thomanerchor das Gewandhausorchester. Mit seinen großen Kapellmeistern wie Arthur Nikisch (der

»Magier des Taktstockes«), Wilhelm Furtwängler, Bruno Walter, Hermann Abendroth, Václav Neumann und all den berühmten Solisten seit Mozarts Gastspiel.

Der große Komponist hatte 1785 im Gewandhaus ein Konzert gegeben, das leider schlecht besucht war und wenig Einnahmen brachte. Zuvor hatte er die Musiker traktiert, dass sie ganz erbittert über das kleine blasse Männchen waren, das sich so diktatorisch aufführte. In einem Gespräch mit dem Kantor Doles, bei dem er für diese Tage untergekommen war, klagte Mozart über das leidenschaftslose Musizieren und die falsche Interpretation seiner Kompositionen, vor allem über die übereilten Tempi. »Da glauben sie, durch die Schnelligkeit soll es feuerig werden! Ja, wenn das Feuer nicht in der Composition steckt, durch Abjagen wird's sicher nicht hinein gebracht.«

Das Gewandhausorchester ist das älteste bürgerliche Orchester der Welt; seit 2005 leitet es der Italiener Riccardo Chailly. Es ist uns nicht von einem König oder Fürsten geschenkt worden, sondern das stolze Bürgertum der Stadt wollte seinen Sinn für Kunst zeigen und beweisen, dass es den Unterhalt für solch einen Klangkörper aufbringen kann. Das war letztlich ein Zeichen gegenüber dem Königshof in Dresden. Seht, was wir in Leipzig schaffen!

Der letzte sächsische König war natürlich auch mehrmals im Gewandhaus zu Gast. Es wird erzählt, dass bei einem Leipzig-Besuch einmal ein besonderes umfangreiches Programm zu absolvieren war und man ihm wegen der vielen Termine vorschlug, eventuell den im Gewandhaus zu streichen. Darauf meinte unser volkstümlicher Monarch: »Nee, nee, lassensema, was mei Vahdr und Großvahdr ausgehaldn hamm, das erdraach'sch ooch!«

Den Unterschied zwischen den beiden bedeutenden sächsischen Großstädten hat übrigens keiner besser als der Dresdner Erich Kästner auf den Punkt gebracht. In einem Feuilleton – überschrieben »Märchenhauptstadt« – in den zwanziger Jahren schrieb er: »Leipzig ist das Heute. Und Dresden – das Gestern... Leipzig ist die Wirklichkeit. Und Dresden – das Märchen... Und 80 Kilometer Luftlinie liegen zwischen dem Märchen und der Wirklichkeit.«

Das ist natürlich heute alles ganz anders.

Das Denkmal

1988, als Schalck-Golodkowski alle möglichen Antiquitäten für Devisen in westliche Staaten verhökerte, schrieb ich einen Kabarett-Text, in dem das Völkerschlachtdenkmal nach Japan verkauft wird. Der Schluss des Dialoges lautete: »Wir siegen nie gegen den Kapitalismus!« – »Nee, aber wir haben ihm wenigstens noch ordentlich Geld abgeknöpft!«.

Nichts schien mehr unmöglich, um durch frei konvertierbare Währung das Leben der DDR zu verlängern. Nun, der Sozialismus ging rasch dahin, und das Denkmal steht immer noch in Sachsen.

Keinem Leipzig-Besucher bleibt die Besichtigung des Völkerschlachtdenkmals erspart! Ob die Cousine aus Kötzschenbroda oder der Onkel aus München kommt – um das Denkmal kommen sie nicht drumrum.

Ich würde nicht sagen, dass die Leipziger besonders stolz auf diesen Steinklotz wären oder dass sie ihn besonders schön fänden, aber »morr musses gesähn hamm!«.

Joseph Roth hat es sich in den zwanziger Jahren auch betrachtet. »... das Werk einer Gesinnung, die sich selbst mit unmenschlichen Maßeinheiten mißt. Welch eine gewaltige

Sinnlosigkeit, auf einen künstlichen Hügel aus künstlichen Abfällen hingestellt, mit der Absicht, dem Betrachter Bewunderung abzuringen, aber vor lauter Größe nicht einmal imstande, sich betrachten zu lassen. Künftigen Geschlechtern sollte es eine trutzige Mahnung sein. Nun ist es das Ausflugsziel pflichtmäßig versammelter Schulkinder geworden, denen ein historisierender Alpdruck ins Leben mitgegeben wird.«

Danach war vermutlich seines Bleibens nicht mehr lange und er ist wieder ins Zentrum der Stadt in eine gemütliche Schenke geflüchtet.

Ja, was soll ich dazu sagen: Da die Völkerschlacht nun einmal in und um Leipzig tobte, ragt das Denkmal eben hier empor. Kurios ist das insofern, als wir Sachsen bekanntlich auf der falschen Seite gekämpft haben – auf der Napoleons. Einige sächsische Regimenter waren allerdings im Laufe der Schlacht zu den Verbündeten übergelaufen. Der russische Kaiser Alexander I. begrüßte sie mit dem Satz: »Die Herren kommen ziemlich spät.«

Man sagt, französische Touristen würden das Denkmal seltener besuchen. Was Wunder, wer besichtigt schon gern einen Ort der Niederlage! Die Franzosen erweisen, wenige hundert Meter vom Völkerschlachtdenkmal entfernt, dem Kaiser lieber auf der sogenannten Marienhöhe ihre Referenz.

»Hier weilte Napoleon am 18. Oktober 1813, die Kämpfe der Völkerschlacht beobachtend.« Auf einem Gedenkstein liegen, so las ich in einem Band über Leipziger Denkmäler nach, ein Kissen mit Hut, ein Degen und ein Fernrohr. Natürlich alles aus Metall. Sonst wären diese Requisiten längst dahin, denn sie befinden sich dort schon seit 1857. Vor vielen Jahren, erinnerte ich mich, hatte ich das alles schon bestaunt. Als ich allerdings den Ort nun noch einmal aufsuchte, sah ich – der Degen war weg! Vermutlich abgebrochen von einem kulturlosen Souvenirsammler. Die verbliebenen Utensilien könnten, neben der Ergänzung des Degens, etwas Restaurierung vertragen, die jahrzehntelange Umweltzerstörung hat ihre Spuren hinterlassen. Der Meinung waren auch zwei Männer auf einer Bank, die, wie sie mir erzählten, diese mit Bäumen und Büschen bewachsene Gedenkstätte öfters als Fahrtziel ihrer Radtouren ansteuern. Von jener Stelle, wo die beiden Leipziger die Bierflaschen beim Erzählen schwenkten, beobachtete also der berühmte Kriegsherr das Schlachtgetümmel neben der Quandtschen Tabaksmühle. Deshalb heißt die angrenzende Straße auch heute noch An der Tabaksmühle.

Neben Napoleon, so wird berichtet, brannte ein großes Feuer. Das kann man gut nachvollziehen, denn die Nächte im Oktober können schon ganz schön frisch sein. Um vier Uhr machte er dann endlich etwas sehr Vernünftiges – er gab den Befehl zum Rückzug. Danach, der Mann war total übermüdet, sank er nachweislich auf seinen Feldstuhl, der neben einem mit Karten bedeckten Tisch stand, und fiel in tiefen Schlaf, was immerhin für seine Nerven spricht.

Lange kann er an jenem 19. Oktober aber nicht geschlafen haben, denn um acht weilte er schon im heute noch existierenden Königshaus am Markt, um sich vom garantiert nicht sehr glücklich dreinblickenden sächsischen König Friedrich August III. zu verabschieden. Die sächsischen Garden auf dem Markt nahmen Haltung an, und der französische Imperator rief ihnen von seinem Schimmel zu: »Adieu, braves Saxons!« Das war's.

Dann ging es ab durch die Mitte, obwohl es damals in den überfüllten Straßen Leipzigs kaum noch ein Durchkommen gab.

Napoleons Herrschaft über Deutschland und Europa war zu Ende. Auf dem Markt wurden die siegreichen Kaiser Franz II. von Österreich und Alexander I. von Russland sowie der preußische König mit großem Jubel begrüßt. General Blücher hatte besonderen Anteil am Sieg, da er in einer kritischen Lage frische Truppen über Machern in die Schlacht führte. Ihm ist auch zu danken, dass der Beschuss der Stadt in letzter Minute verhindert wurde.

Die Völkerschlacht war – und das ist wohl ein trauriger Rekord – die erste Massenschlacht in der Geschichte. Während Napoleon gen Westen ritt, begann das Zählen, wurde das Ausmaß der Tragödie deutlich: Seine Armee verlor 110 000 Mann.

Man schätzt, dass 40 000 Verwundete von den Leipzigern versorgt werden mussten. Viele lagen in improvisierten Spitälern, vor allem in Kirchen. Leipzig hatte damals etwa 35 000 Einwohner. Der Mangel an Ärzten und Schwestern war dramatisch. Seuchen griffen auf die Bewohner der Stadt über. Jeder zehnte Leipziger starb.

Neben dem schon beschriebenen Napoleonstein erinnert ein Brauhaus in Leipzig-Probstheida an den französischen Kriegsherrn. In dieser Gegend tobte die Schlacht besonders heftig. In dem Gebäude mit einem schönen Kreuzgewölbe, damals ein Pferdestall, hat sich an jenem 18. Oktober 1813 Napoleon mit seinen Generälen beraten.

Die meisten ausländischen Besucher, die zu DDR-Zeiten das Völkerschlachtdenkmal besichtigten, kamen aus der Sowjetunion. Das ist von der Geschichte her verständlich. Die größten Opfer brachte das russische Volk: 22 000 Russen fielen in dieser Schlacht. 100 Jahre nach dem legendären Jahr 1813 wurde deshalb nicht nur das Völkerschlachtdenkmal, sondern zu Ehren der russischen Soldaten auch eine orthodoxe Gedächtniskirche eingeweiht. Ihre vergoldete Zwiebelkuppel am Ende des 55 Meter hohen Turms leuchtet und glänzt bei Sonnenschein besonders intensiv.

Die beiden Leipziger Architekten Georg Weidenbach und Richard Tschammer schufen, neben vielen schönen Jugendstilbauten in unserer Stadt, nach dem Vorbild der Nowgoroder Turmkirchen des 16. Jahrhunderts dieses Bauwerk zu Ehren des heiligen Alexius. Wenn man dort, im Angesicht der dunkelfarbig-goldenen Ikonen, einen Gottesdienst erlebt, dann wähnt man sich wirklich in Moskau oder Nowgorod.

Ich habe einmal zwei Eminenzen während dieser russischorthodoxen Zeremonie erlebt. Unergründliche Schrittfolgen. Schwingende Weihrauchgefäße. Leuchter mit brennenden Kerzen wurden über Kreuz in Richtung der Besucher geneigt. Und immer wieder beeindruckende liturgische Gesänge, die wir gern mit der russischen Seele gleichsetzen.

Die beiden Geistlichen schwebten unentwegt hin und her. Der Einzige, der normal lief, geradezu durch das Gotteshaus wieselte, war der Kirchendiener. Er wirkte so, als habe der Regisseur vergessen, mit ihm zu arbeiten. Als Protestant war ich natürlich das lange Stehen nicht gewöhnt. Da murren manche schon über unsere harten Kirchenbänke, aber davon wagen die Orthodoxen gar nicht zu träumen!

Doch zurück zum Denkmal. Der 1894 gegründete Deutsche Patrioten-Bund entfachte seinerzeit einen Denkmalsrummel mit markigen Worten. Da war die Rede vom »stolzen Freiheitsdom«, den »freier deutscher Geist durchbraust«. Es ging also um ein Ehrenmal für die Befreiung des deutschen Vaterlandes vom Joch der französischen Fremdherrschaft. Und Ernst Moritz Arndt, der sich beizeiten für ein Denkmal eingesetzt hatte, wurde immer wieder zitiert:

»O Leipzig, freundliche Lindenstadt,
Dir ward ein leuchtendes Ehrenmal…«

Sechs Millionen Goldmark wurden zur Errichtung des Denkmals vom Patrioten-Bund gesammelt. Also nicht der Staat, sondern das Volk hat es finanziert. Die nunmehr laufende Sanierung kostet über 30 Millionen Euro. Da müsste man beim Volk wahrscheinlich lange sammeln… Eigentlich liegt Pompöses der sächsischen Mentalität gar nicht. Trotzdem blieben die kleineren, bescheideneren Entwürfe für das Denkmal unbeachtet, wurde 1913 dieses 91 Meter hohe steinerne Monstrum eingeweiht. Über Geschmack lässt sich nach wie vor streiten. Die einen sind vom Bau der beiden Architekten Schmitz und Thieme stark beeindruckt, eine Leipzig-Besucherin aus Dänemark dagegen meinte zu mir, das Denkmal sei eine »Scheußlichkeit«.

Aus Beuchaer Granit wurde es erbaut, und die Löcher, die es in die Erde gerissen hat, sind heute noch als Steinbruchseen zu sehen und ermöglichen ein Bad, wo man sonst nur auf einer Wiese hätte liegen können.

Als ich unlängst die Gegend des Denkmals ansteuerte, standen auf dem Parkplatz vor der Anlage ein Bus aus Spanien und einer aus Tschechien, sah man Autos mit Kennzeichen aus ganz Deutschland: von Kulmbach bis Karlsruhe, von Erfurt bis Annaberg, von Berlin bis Kiel.

Ein Schild informierte über die Rekonstruktion: »Die Stiftung Völkerschlachtdenkmal baut von 2002–2013.« Dann soll sich das Monument zum 100-Jährigen als europäisches Friedensdenkmal auf unserem Kontinent einen Namen machen.

Vor dem Denkmal gelangt man zunächst an einen wallumsäumten Vorplatz mit einem trapezförmigen Wasserbecken. Bei meinem Besuch wurde gerade am Rand eine Reisegruppe von einer Führerin informiert: »Dieses Becken nennt man auch den See der Tränen, den die Mütter, Frauen und Kinder der gefallenen Krieger geweint haben. Und wer noch eine Bratwurst oder ein Eis essen will – in fünf Minuten treffen wir uns wieder am Bus. Aber wir sind gut in der Zeit.«

Schaut man an dem trutzigen, steinernen Koloss hoch, sieht man zunächst im unteren Teil ein Relief des Erzengels Michael, 18 Meter hoch. Darüber die Inschrift: Gott mit uns. Das reklamierten Freund und Feind gleichermaßen für sich.

Am 18. Oktober 1913 wurde das Denkmal eingeweiht. Und da standen sie nebeneinander: der deutsche Kaiser und die höchsten Repräsentanten aus Österreich, Russland und anderen Staaten. Jeder sprach garantiert vom Frieden. Schon im Jahr darauf gab es wieder ein Gemetzel.

Alles, was mit dem Denkmal zusammenhängt, ist kolossal: 124 Meter ist die Riesenpyramide, die einer Glocke gleicht, am Fuße breit, 91 Meter hoch. Mehr als eine Million Kubikmeter Erde wurde bewegt, 12 500 Kubikmeter Beuchaer Granitporphyr mussten gebrochen werden.

Das Gewicht wird auf sechs Millionen Zentner geschätzt. Ich gehöre ja zu einer Generation, die noch mit Zentnersäcken voller Briketts oder Kartoffeln zu tun hatte … aber sechs Millionen! Da streikt mein Vorstellungsvermögen.

Die Krypta ist das Ehrenmal für die Gefallenen. Sogenannte Schicksalsmasken symbolisieren das Sterben, 5,5 Meter hoch, zwei Meter breit. An jeder Maske stehen zwei Krieger als Wachen, die sich auf ihr Schwert stützen.

Das Schönste an der Ruhmeshalle – dem Mittelbau – ist die Akustik. Als ein Tourist sich dieser besonderen Eigenschaft vergewisserte, soll einmal ein Führer gesagt haben: »Na, was denken Sie denn, wozu das gebaut worden ist!« So mancher Denkmals-Erklärer bat dort um absolute Ruhe in der Gruppe und sang zur Bekräftigung, so gut er konnte, ein paar Töne, um den Beweis zu liefern.

Wegen der besonderen Akustik finden hier auch Konzerte statt, und deshalb gibt es sogar einen Denkmalschor.

Schön ist natürlich auch die Aussicht. Von der Krypta – bis dahin schnurrt ein Fahrstuhl – kann man bis zum äußeren Rundgang seit Kurzem einen weiteren Lift benutzen. Der bis zur oberen Plattform ist im Bau. Sportliche Touristen und Kreislauf-Fetischisten steigen aber gern von der Krypta die 364 Stufen empor. Die Sicht auf die Stadt und das Land entschädigen für die Anstrengung in jeder Beziehung. Wolfgang Mattheuer war seinerzeit auch mehrfach da oben. Das Panorama hat ihn zu einem beeindruckenden Bild inspiriert. Mit viel blauem Himmel und weißen Kondensstreifen. Der Maler hat bestimmt den weiten Blick über die Landschaft gesucht, schließlich stammte er aus dem schönen Vogtland.

Was in den Jahrzehnten seit der Einweihung nie nachgelassen hat, ist der Erfindungsreichtum, das Denkmal in diversem Souvenirkitsch zu verewigen. Da haben wir auch in der DDR die Tradition nicht abreißen lassen. Wenn es im sozialistischen Arbeiter- und Bauernstaat mal keine Thermometer gab – im Kiosk am Denkmal gingen sie, verziert mit einer Ansicht des

Kolosses, nie aus. Auch dieses Souvenir hat sich auf dem Markt gehalten: das Völkerschlachtdenkmal als Kerze! Sehr nützlich, spendet Licht und Wärme und braucht sich dabei selber auf.

Neu ist, dass die gesamte Palette an Kitsch der Vorkriegszeit wieder zu haben ist: Fingerhüte, Stocknägel, Bierhumpen, Gläser, Tassen, Teller, alles farbig bemalt. Man kann sich auch ein Puzzle aus 4000 Teilen (wieder sehr kolossal) kaufen: Napoleons Winter.

Das beste Souvenir ist meiner Meinung nach das Buch »Völkerschlachtdenkmal« von Erich Loest. Der interessant konzipierte Roman, der den Bogen über die Zeiten schlägt, lässt Abschnitte deutscher Geschichte auf besondere Weise erstehen.

Irgendjemand meinte, das Völkerschlachtdenkmal sei der Eiffelturm von Klein-Paris.

Da ist was dran, denn nach einer deutschlandweiten Umfrage werden drei Begriffe mit Leipzig verbunden: der Hauptbahnhof, die Messe und eben dieses Denkmal.

Es gibt in unserer Stadt übrigens Traditionsvereine, die an die Schlacht erinnern und jährlich um den 18. Oktober ein Biwak veranstalten. Das ist eine Art historisches Camping.

Hier zeigt sich schnell die Härte der jeweiligen Akteure. Während einige die Schlafsäcke ausrollen, legen sich andere wie seinerzeit auf Stroh.

Höhepunkt dieses Biwaks sind die Darstellungen des jeweiligen Schlachtgeschehens am entsprechenden Ort. Die Marketenderin lässt vorher ihr wachsames Auge schweifen und sammelt die nicht abgelegten Armbanduhren ein. Das erzählte mir Joachim Gerlach, ein Diplom-Kaufmann, der eigentlich mit Uniformen nichts am Hut hat und sogar Zivildienst leistete, aber im ehemaligen Rittergut Markkleeberg auf geschichtsträchtigem Gelände wohnt. In jenem Haus befindet sich auch ein beeindruckendes Schlachtenpanorama mit Zinnfiguren. Interessengemeinschaften, die das Schlachtgetümmel nachstellen, sind natürlich kein Leipziger Phänomen. Sie gibt es in ganz Europa, und bei den Treffen kommt es nebenher immer zu einer Art Völkerverständigung. So spielen dann in Napoleons Armee neben Deutschen oder Tschechen auch echte Franzosen die Franzosen. Ob in Waterloo, Austerlitz oder Jena – den Napoleon gibt zumeist ein Mister Schmidt aus den USA. Er sieht Napoleon verblüffend ähnlich, und deshalb wird er zum jeweiligen Spektakel eingeflogen.

Was treibt diese Menschen? Zweifellos Interesse an der Geschichte, Ehrung der Opfer, aber es ist wohl auch ein wenig Indianer- oder »Räuber-und-Gendarm-Spiel« dabei (was man in Leipzig übrigens »Räuber und Schammbammbl« nannte).

Mir ging in dem Zusammenhang ein Satz durch den Kopf: Krieg nachzustellen habe immer einen merkwürdigen Beigeschmack, weil man das Grauen ausblende und Verniedlichung ins Spiel komme.

Bei den Schlachten gelangt übrigens richtiges Schwarzpulver zum Einsatz – deshalb darf nicht jeder damit umgehen. Das Einzige, was zum Glück bei der ganzen Aktion weggelassen wird, ist die Bleikugel. »Gestorben« wird natürlich auch. Dabei ist nicht zu übersehen, dass Franzosen seltener fallen. Das hat einen triftigen Grund: die weißen Uniformhosen!

Noch heute, nach fast zweihundert Jahren, suchen Sammler – was natürlich nicht erlaubt ist, aber wenn der jeweilige Bauer nichts dagegen hat... – mit einem Metalldetektor auf den ehemaligen Schlachtfeldern nach Gewehrkugeln. Eine Kanonenkugel oder Uniformknöpfe gelten in ihren Augen als Hauptgewinn. Und nicht wenige Fundstücke sind anschließend auf dem Flohmarkt im Angebot.

Zurück zum Völkerschlachtdenkmal.

Komischerweise hat der Volksmund für das größte Denkmal Europas nie einen Spitznamen erfunden. Aus Pietät – oder hat es dem Volk bei diesem Klotz die Sprache verschlagen?

Nach der Wende versuchten es einige Neu-Leipziger immer wieder mal mit »Völki«. Aber diese Albernheit hatte letztlich keine Chance. Also, wenn Sie mich fragen, ich finde das Ding zwar eine Nummer zu groß, zu wuchtig, zu germanisch, aber... »morr musses gesähn hamm!«.

Wiege der Arbeiterbewegung

Ja, es ist tatsächlich so: Leipzig ist die Wiege der Arbeiterbewegung, obwohl zu DDR-Zeiten, als die Arbeiterklasse angeblich die Macht hatte, diese eher verschaukelt wurde...

Bis 1989 ging das gut, dann haben sich die Arbeiter – und nicht nur die – wieder gewehrt!

Wenn wir über die revolutionäre Seite Leipzigs und über couragierte Menschen reden wollen, dann muss zunächst der Name eines Mannes genannt werden, dessen Wirken mit unserer Stadt eng verbunden ist: Robert Blum.

Im Jahre 1832 kam er in die Messestadt, arbeitete als Theatersekretär und Bibliothekar, nebenher schrieb er Gedichte und Schauspiele, gründete schließlich die Verlagsbuchhandlung Blum & Co. 1845 wurde er zum Stadtverordneten gewählt. Im selben Jahr gab es bei einer Demonstration nach dem brutalen Einsatz des königlichen Militärs auf dem Roßplatz Tote. Blum sprach auf dem Johannisfriedhof an den Gräbern der Opfer, wandte sich gegen monarchistische Willkür. Er war beim Volk sehr beliebt und wurde bald der führende Vertreter der linksliberalen Opposition im Königreich Sachsen. Zwickau, meine Heimatstadt, delegierte Blum schließlich in die Frankfurter Nationalversammlung. Im Oktober 1848 beteiligte er sich an den Kämpfen in Wien, er wurde verhaftet und zum Tode durch den Strang verurteilt. Es kam dann zu einer makabren Begnadigung, die keine war: »Tod durch Pulver und Blei«, genau einen Tag vor seinem 41. Geburtstag.

Robert Blum wurde zum Symbol der gescheiterten Märzrevolution. Deshalb nannte der Historiker Siegfried Schmidt sein Buch über ihn auch »Vom Leipziger Liberalen zum Märtyrer der deutschen Demokratie«.

Im November 1848 versammelten sich Zehntausende in Leipzig, um gegen Blums Hinrichtung zu protestieren. So viele Demonstranten hat unsere Stadt danach lange nicht gesehen. Genauer gesagt: über 100 Jahre nicht – bis zum Volksaufstand von 1953.

Als 1863 in Leipzig der Allgemeine Deutsche Arbeiterverein gegründet wurde, spielte Ferdinand Lassalle eine wichtige Rolle. Er war in das Komitee der Leipziger Arbeiterzentrale eingeladen worden, um Ideen zu entwickeln, wie die Rechte der Arbeiterschaft durch deren Organisation vertreten werden könnten.

Ein wichtiger – radikaldemokratischer – Revolutionär kam 1864 in die Messestadt: Wilhelm Liebknecht. Er stritt mit Lassalle über die Rolle des Staates und vor allem über die entscheidende Frage, ob über Reformen oder durch eine Revolution das Ziel einer sozialistischen Gesellschaft erreicht werden könne. Während Lassalle einen allmählichen Übergang in den Sozialismus für möglich hielt, trat Liebknecht für eine politische Revolution ein. Hier deckte sich seine Meinung mit der von Marx.

Liebknecht, Lassalle und Bebel – führende Vertreter der frühen Sozialdemokratie, deren Wirken sich mit Leipzig verbindet – verfügten sowohl über eine nationale als auch internationale Reputation.

Ein Meilenstein für die Organisation der Arbeiterschaft war 1865 die Gründung des Arbeiterbildungsvereins Leipzig, der weit über die Stadt hinauswirkte und dem sich auch Wilhelm Liebknecht anschloss. Vorsitzender wurde August Bebel. Dieser Verein beförderte nicht zuletzt die Entstehung des Allgemeinen Deutschen Frauenvereins. Der erste deutsche Frauenkongress, unter der Leitung der Leipzigerin Louise Otto Peters, formierte sich ebenfalls in der Messestadt. Mutige Frauen wie sie, Auguste Schmidt und Henriette Goldschmidt engagierten sich für die rechtliche Stellung der Frau, forderten deren politische und soziale Mitarbeit.

Bebel hatte sich nach seinen Wanderjahren 1860 als Drechsler in Leipzig niedergelassen. Er arbeitete in einer Werkstatt, die sich auf das Horndrechseln spezialisiert hatte. Man sagte, dass es zu DDR-Zeiten an mancher Tür noch eine von ihm gedrechselte Klinke gab. Ob die allerdings die Renovierungen der neuen Hausbesitzer überstanden haben, entzieht sich meiner Kenntnis.

Als Bebel Wilhelm Liebknecht kennenlernte, ergab sich daraus bald eine anregende Freundschaft, die auch den politischen Lebensweg beider bestimmte. Schließlich gründete August Bebel 1869 die Sozialdemokratische Arbeiterpartei (SDAP) mit, die sich 1875 in Gotha mit dem Allgemeinen Deutschen Arbeiterverein, den sogenannten »Lassalleanern«, zusammenschloss.

1879 erschien in Leipzig Bebels Hauptwerk »Die Frau und der Sozialismus«. Aus gutem Grund nannte das Impressum der Erstausgabe allerdings als Verlagsort Zürich. Dieses Buch wurde in der DDR landauf und landab zum Internationalen Frauentag in Betrieben verschenkt. Das Interesse der Beschenkten hielt sich jedoch meist in Grenzen. Da die Praxis stark mit der Theorie kollidierte, sank rapide die Lust, die Bücher derer zu lesen, die einen ganz anderen Sozialismus vor Augen gehabt hatten...

In der Braustraße in der Nähe meiner Wohnung im Leipziger Süden wurde Wilhelm Liebknecht 1871 der Vater von einem Karl, der später in der Nikolaischule mit überdurchschnittlichen Leistungen glänzte. Getauft wurde Karl Liebknecht in der Thomaskirche, und zwei Taufpaten reisten an: Dr. Karl Marx und Friedrich Engels, beide aus guten Gründen in London lebend.

Im heutigen »Liebknecht-Haus« in der Braustraße kann sich der Besucher in einer kleinen Ausstellung über das Wirken des Politikers und KPD-Mitbegründers informieren. Die ehemalige Parterrewohnung der Familie ist zumindest in Leipzig der letzte authentische Ort, der mit der Geschichte der deutschen Arbeiterbewegung eng verknüpft ist.

Von der Braustraße sind es nur wenige Schritte zur größten Ausfallstraße nach Süden, der Karl-Liebknecht-Straße. Die »Karli«, wie sie von den Bewohnern und Nutzern genannt wird, ist ein intakter Boulevard, eine lebendige Straße mit vielen Gaststätten und Läden. Hier funktioniert noch urbanes Leben, und auf den Stühlen vor den reichlich vorhandenen Kneipen schwatzt und lacht sommers viel junges Volk. Die Südvorstadt hat das niedrigste Durchschnittsalter und bestimmt auch den höchsten Rotweinverbrauch in Leipzig.

An der Karl-Liebknecht-Straße steht das Volkshaus. Für dieses Gewerkschaftsgebäude sammelten die Leipziger Arbeiter vor hundert Jahren 370 000 RM. Wenn man sich die Löhne in jenen Zeiten vergegenwärtigt, dann kann man nur Respekt vor dieser Leistung haben.

Das Gebäude wurde während des Kapp-Putsches beschossen, brannte aus und wurde 1920 bis 1923 wieder aufgebaut. Der neue Turm, unterbrochen von Säulen, sollte die Kraft der organisierten Arbeiterschaft symbolisieren. Im Zweiten Weltkrieg wurde dieser Turm zerstört und nicht wieder errichtet. Zur vollständigen Rekonstruktion reichte die Kraft nicht, und in der Gegenwart reichte sie nicht einmal, um den Verkauf dieser Immobilie zu verhindern. Alle Proteste wurden von der Führung des DGB abgeschmettert. Was bleibt nun für einen engagierten Gewerkschafter? Dass er die Kraft zum Austreten aus seiner Interessenvertretung aufbringt?

Zu Nazizeiten hieß das Gebäude »Haus der Arbeit«, in der DDR »Ernst-Thälmann-Haus«. Eine Gruppe von Sozialdemokraten gründete 1947 den Volkshauskreis. Sie lehnten die Vereinigung von SPD und KPD zur SED ab, vor allem aber die Übernahme des Leninismus im Osten Deutschlands, und wurden deshalb aus der Partei ausgeschlossen.

Damit hätte ich einen Bogen zu Lenin selbst geschlagen. Er war mehrmals in Leipzig. Der russische Revolutionär logierte sogar einmal schräg gegenüber meiner Wohnung in der damaligen Kronprinzstraße.

1900, in jenem Jahr wurde das Haus gebaut, in dem ich wohne, kam er zum ersten Mal nach Leipzig. Er ließ in der Messestadt die gesamtrussische marxistische Zeitung »Iskra« (Der Funke) drucken. Die DDR-Funktionäre sagten dann gern, auf die gewonnene Revolution von 1917 in Russland verweisend: »Aus dem Funken schlug die Flamme.«

So ergibt sich die kuriose Tatsache, dass der Druckort Leipzig auch einen Anteil an der Oktoberrevolution hat… Wenn man allerdings bedenkt, welchen Weg dieses Land dann gegangen ist und was die Bewohner Ostdeutschlands nach der unfreiwilligen Übernahme jenes Gesellschaftsmodells erlebt haben, dann wäre ein Druckerstreik damals besser gewesen…

Von Leipzig aus wurde die »Iskra« jedenfalls mit der kaiserlichen Post in die russischen Weiten verschickt. Das hat natürlich weder unseren Kaiser noch den Zar erfreut, aber die Zöllner konnten ja nicht jedes Paket kontrollieren!

Und wo wurde die Zeitung gedruckt? In der Russenstraße! Das ist aber purer Zufall. Die Straße bekam ihren Namen nicht wegen des Drucks der »Iskra«, sondern im Zusammenhang mit der Völkerschlacht.

Über die DDR-Jahre hing übrigens an jenem Haus bei mir schräg gegenüber eine Gedenktafel, die an Lenins Aufenthalt erinnerte. Die fand in der neuen Zeit einen Liebhaber. Vielleicht schraubte sie ein Leninist ab, der sie retten wollte, oder es war lediglich ein Trödler, der sie auf einem Flohmarkt verscherbelt hat.

Einer, der Lenins Lehre konsequent umsetzen wollte, die Partei neuen Typus' liebte und nicht davor zurückschreckte, »abweichlerische« Sozialdemokraten oder selbst Kommunisten ins Gefängnis zu bringen – der war leider auch ein Leipziger Kind: Walter Ulbricht. Er wurde in der Gottschedstraße geboren.

Gottsched war aus Königsberg nach Leipzig geflohen, um den preußischen Soldatenwerbern zu entgehen. Ulbricht sorgte später dafür, dass nicht nur aus Leipzig, sondern aus der gesamten DDR die Menschen zu Hunderttausenden flohen.

Im Jahre 1919 gründete Ulbricht mit Georg Schumann und William Zipperer den Leipziger Ableger der KPD. Kurioserweise kam es aber nie so weit, dass in unserer Stadt eine Straße nach ihm benannt wurde. Und was der Messestädter Walter Ulbricht von 1945 bis zu seiner Ablösung 1971 für unser Land verzapft hat, das bügelten die Leipziger im Herbst 1989 wieder aus. Bisschen spät, aber besser als nie!

Eine wichtige Rolle für die Arbeiterschaft spielte einst die »Leipziger Volkszeitung«, die seit 1894 so hieß. Die LVZ war seinerzeit unter ihrem Chef Bruno Schoenlank und später unter Franz Mehring eine der modernsten Tageszeitungen. Vom Feuilleton jener Tage können die heutigen Macher nur noch träumen: Internationale Literaturgrößen wie Zola, Tschechow, Maupassant oder die deutschen Schriftsteller Fontane und Storm schrieben für das Blatt!

Einfluss auf das Profil dieser angesehenen Zeitung hatten solche bedeutenden Denker wie Rosa Luxemburg, Eduard Bernstein, Clara Zetkin und Julius Motteler. 1897 druckte die LVZ die erste politische Karikatur und blieb auch auf diesem Gebiet avantgardistisch.

1933 wurde die Zeitung verboten, einige Mitarbeiter wurden verhaftet, manchen gelang die Flucht ins Ausland.

Nach dem Krieg nahm die SED das Blatt an ihr ideologisches Gängelband. Berief sich auf die großen Traditionen, ohne jemals daran anzuknüpfen.

Ich lernte die »Leipziger Volkszeitung« im Herbst 1965 kennen. Da wurde in dem Blatt gerade gegen junge Leute gehetzt, die gegen das Auftrittsverbot von Beatbands demonstriert hatten.

Damals – und noch fast 25 Jahre danach – hatte die Zeitung den hübschen Untertitel »Organ der Bezirksleitung der Sozialistischen Einheitspartei Deutschlands«. Dieses Organ kränkelte vor allem an der Wahrheit, und ein Deutschland gab es natürlich längst nicht mehr. Als das Land 1990 wieder entstand, erschien die Tageszeitung für eine Weile mit dem alten Untertitel von 1894: »Organ für die Interessen des gesamten werktätigen Volkes«.

Ab 1991 ging die LVZ dann in den Besitz der Verlagsgesellschaft Madsack & Co. und der Axel Springer AG über. Seitdem erscheint sie ohne Untertitel. Vielleicht deshalb, weil durch die Formulierung die Interessen der vielen unfreiwilligen Nichtwerktätigen ausgeklammert sind...

Und Leipzig als ein Hort der Arbeiterbewegung ist nunmehr Geschichte, weil es in Leipzig inzwischen einfach zu wenig Arbeiter gibt.

Von originell bis verrückt

Wenn in Leipzig nichts los ist, dann sorgen umtriebige Sachsen dafür, dass bald etwas losgehen wird. Ja, es gibt schon skurrile Wettbewerbe in der Stadt: zum Beispiel Entenrennen. Das funktioniert natürlich nicht wie beim Windhundrennen, wo die Klappen aufgehen und acht Hunde um die Wette rasen. Lächerlich!

Ich rede hier von achttausend Enten! Die einzige Klappe, die aufgeht, ist jene von einem LKW. Über dessen hydraulisch angehobene Ladefläche rutschen die sonnenbebrillten Quietsche-Entchen ins Elsterflutbecken. Ringsum johlen nicht etwa nur Kinder, sondern Tausende erwachsene Menschen. Loriot hätte seine Freude dran.

Der Lions Club Leipzig »Johann Sebastian Bach« veranstaltet dieses Gaudi. Eine Enten-Kantate des Clubs ist nicht bekannt, aber das hindert die Veranstalter als Löwen nicht daran, Schirmherren für Enten zu sein.

Drei Euro pro Ente muss berappen, wer einen Adoptionsschein erwerben möchte. Jedes Schnatterinchen hat einen Strichcode unterm Bauch, denn eine wird gewinnen. Ein paar Preise für die Mitmacher gibt es auch, aber viel wichtiger ist, dass die Einnahmen zum Beispiel für ein Projekt der Straßenkinder e.V. verwendet werden. Sogar eine richtige Notarin sitzt – im wahrsten Sinn des Wortes – mit im Boot, um die Reihenfolge der Erstplatzierten genau festzuhalten.

Da wir gerade vom Wasser reden. Die naTo, in Leipzig einer der angesagtesten Kulturtreffs der freien Szene für Konzerte, Filme und Theater, veranstaltet jährlich auf dem Teich vor dem Völkerschlachtdenkmal ein Badewannenrennen: Régates de Baquet. Die schwimmenden Gefährte sind teilweise abenteuerlich aus Eimern, Paletten und Pappmaché zusammengebastelt. Einen Designpreis gibt's auch. Beispielsweise für die »MS Freiland H5N1«. Die Akteure im Hühnerkäfig paddelten denn auch in ihren Federviehkostümen so heftig, als gehe es ihnen ans Leben. Stark waren die »Kanadischen Kampfbiber« und die »Eisbären-Scholle«, in Weiß gekleidete Paddler mit Bärenköpfen, die sich vermutlich von dem landesweit bekannten Knut anregen ließen.

Unterschiedlich schnell geht es beim Seifenkistenrennen um den sogenannten »Prix de Taco« zu. Tollkühne Männer und Frauen in ihren rollenden Kisten, alles natürlich original Eigenbau. Austragungsort ist der Scherbelberg an der Fockestraße. Unterschiedlich schnell deshalb, weil die Gefährte ja erst einmal mit Muskelkraft zum Gipfel befördert werden müssen. Dort gibt es das Zeitfahren auf dem Rondell, und bei der Abfahrt geht es dann mit Karacho den Berg hinunter.

Der Jubel ist an jenem Tag im Mai weit zu hören, wenn dann Gefährte mit so schönen Namen wie »Sektfrühstück im Anblick des Kilimandscharo« majestätisch vorbeirollen – in dem Fall verbirgt sich dahinter eine Speisetafel auf Rädern mit herausgeputzten Damen und Herren. Ein Fest mit Musik und Spaß. Preise dürfen dabei nicht fehlen. So zum Beispiel der »Sonderpreis der Sternquell-Brauerei für promillegenaues Einparken« oder der »Lang-Lebe-Juri-Gagarin-Preis für Lässigkeit beim Passieren der Radarfalle«.

Völlig nebensächlich ist, wer am Ende gewinnt, denn letztlich gewinnen alle. Moderiert werden beide Veranstaltungen von Paul Fröhlich. So hieß auch der unselige SED-Chef des Bezirkes Leipzig, der in den sechziger Jahren nicht zum Wohl, sondern nur zum Wehe der Stadt herrschte. Wenn der wüsste, was hier inzwischen alles passiert ist...

Vom Scherbelberg, den die Neuleipziger gern »Fockeberg« nennen, ist die Aussicht auf die Stadt großartig. Abseits vom asphaltierten Weg, am Hang, durch den Regen freigespült, entdeckt man mitunter im wuchernden Grün Ziegelsteine oder andere Reste von einem Haus. Trümmer der Innenstadt wuchsen hier in die Höhe.

Ich bin einmal nach einem kräftigen Schauer den Weg nach oben spaziert, als er noch keine Asphaltdecke besaß. Das Wasser hatte eine Rinne in den Boden gefräst. Plötzlich blinkte mir ein Stück Metall entgegen. Ich hob es auf – eine Silbermünze zum Gedenken an die Einweihung des Völkerschlachtdenkmals im Jahre 1913. Sie war mit dem Schutt eines Hauses hierhergekommen, und der starke Regenguss hatte sie wieder ans Licht befördert. Von der unglaublichen Hitze während des Bombenangriffs zeugten noch zwei Steinchen, die sich damals in das weich gewordene Metall gedrückt hatten.

So kam unsere Stadt also im Süden zu einem Berg. Joachim Ringelnatz hatte noch in seinem »Leipzig«-Gedicht geschrieben:

»Die Berge sind so schön, so erhaben! –
Aber es gibt hier keine. – ...«

Wir leben nun mal in der Leipziger Tieflandsbucht und das bedeutet: Die Gegend ist so flach wie ein Tisch. Sehr radfahrerfreundlich – was aber nicht heißt, dass alle Radfahrer freundlich sind. Jedenfalls strampeln überdurchschnittlich viele Leipziger mit ihrem Drahtesel durch die Stadt. Sie sind sozusagen die Amsterdamer unter den Sachsen.

Wer es eher romantisch mag, sollte zur »Saxonia International Ballon Fiesta« kommen. So um die 100 000 nehmen schon teil. Beim Ballonglühen befinden sich die Luftgefährte am Boden. Brenner lassen die Ballons vor dem Abendhimmel wie Lampions leuchten. Originelle Luftfahrzeuge sind da zu entdecken: in Form einer Würstchendose oder Eistüte, Teekanne oder Bierflasche. Auch so etwas kann dem Leipzig-Besucher widerfahren: Er spaziert durch die Stadt und liest plötzlich an einer Litfaßsäule auf einem Plakat: Aida im Kohlrabizirkus. Aida ist ja klar, aber Kohlrabizirkus…?

Mit »Aida« ist in dem Fall das Musical von Elton John nach der berühmten Oper gemeint. Und der Kohlrabizirkus, das sind die beiden runden Großmarkthallen, die in den zwanziger Jahren gebaut wurden, um die Stadt mit Obst und Gemüse zu versorgen. Der damals weltgrößte Massivkuppelbau beherbergt inzwischen unter dem einen Dach eine Eisbahn, unter dem anderen hatten zwei engagierte Frauen dieses Musical auf die Bühne gebracht.

Auf welche kuriose Weise man Gebäude nutzen kann, die einst für einen ganz anderen Zweck geschaffen wurden, beweist auch der Gasometer an der Richard-Lehmann-Straße. Man fährt in den Leipziger Süden und landet plötzlich mitten im alten Rom. Genauer: im Rom des Jahres CCCXII (312). In diesem längst stillgelegten Gasometer der Stadtwerke Leipzig entstand das größte Panoramabild der Welt. Der Künstler Yadegar Asisis hatte die Idee dazu, und so mutierte der Gasometer zum Panometer. Drinnen führt eine Treppe zu einer Plattform hinauf; der Blick schweift über prächtige Tempel, man sieht das Treiben auf den Plätzen.

Im Zeitraffer läuft ein Tag ab. Wer zur Dämmerung eintrifft, der vernimmt das Zirpen der Grillen, bald kommt der Abend, der Mond wandert über den Nachthimmel, und nicht lange hin, dann begrüßen die Vögel zwitschernd den neuen Tag in der Ewigen Stadt.

Beim Blick über die Dächer gibt es so viel zu entdecken,

und unten auf den Straßen kann man das bunte Treiben der schönen Römerinnen und Römer beobachten.

Das alles auf einer Fläche von 106 Meter Länge und 34 Meter Höhe. Durch modernste Drucktechniken wirkt auf der Riesenleinwand jeder Mensch, jedes Tier und jedes Gebäude, als existiere es tatsächlich.

In der Schau, die Asisis davor konzipiert hatte, bot sich dem Besucher ein Traumblick auf »8848 Everest«. Meine einzige Chance, dem Berg einmal so nahe zu kommen. Die Sicht auf die Schneefelder ließ mich frösteln.

Yadegar Asisis sagte in einem Interview, dass er noch genug Ideen habe. In Dresden hat er schon eine verwirklicht: Dort kann der Betrachter durch das barocke Dresden bummeln.

Aber auch junge Leute haben ausgefallene Ideen. Sie initiierten in Leipzig einen Hörspielsommer.

Wie gern sitzt der Mensch an einem warmen Abend im Freien...in diesem Fall liegen und sitzen alte und junge Leute, der Student neben der Rentnerin, die Angestellte neben dem Schüler, junge Familien, Freundeskreise und einsame Singles, die sich plötzlich nicht mehr einsam fühlen, auf der Wiese im Richard-Wagner-Hain. Und wer will, kann dabei natürlich ein Picknick veranstalten.

Was hier die Ohren erreicht, war zuvor noch nicht einmal im Radio zu hören. Und das Schöne bei dieser Kunstform ist, dass einem keine Bilder aufgezwungen werden. Hier ist endlich wieder einmal Phantasie gefragt. Eben diese Phantasie, die uns beim Fernsehen nicht mehr abverlangt wird.

Eine mir völlig fremde Szene versammelt sich zu Pfingsten in Leipzig. Wenn das weltgrößte Wave-Gothic-Treffen stattfindet. Auf den Straßen tummeln sich an dem Wochenende viele stark geschminkte Menschen, die mitunter wie Darsteller aus einem Film anmuten, der im Mittelalter spielt. Kleine Vampireinlagen eingeschlossen.

Manch junges bleiches Fräulein kommt in einem Kleid daher, als hätte sie mit ihrem Begleiter nur für eine kleine

Weile ihre Burg verlassen. Für die Besitzer von Sonnenstudios sind diese Leute natürlich ein Graus! Wenn deren Teint Mode würde, gingen in ihren Läden bald die Lichter aus, denn in der Szene ist »blass« angesagt, und ein – schwarzer – Sonnenschirm schützt die Damen vor jedem Anflug von Bräune.

Die Leipziger Taxifahrer freuen sich immer schon auf Pfingsten, da rollt der Wagen und der Euro, denn aus manchem Gruftie – wie man sie auch nennt – wird werktags ein gut verdienender Bankangestellter, der eben nur mal am Wochenende seine schwarze Seele baumeln lässt.

Was sich viele Menschen in den alten Ländern nicht vorstellen können: Auch zu DDR-Zeiten gab es in Leipzig eine künstlerische Boheme. Das Enfant terrible war (und ist) der Theatermacher und Sprachakrobat Wolfgang Krause Zwieback. »Kabasurdes Abrett« war sein Programm, und mit diesem Begriff enttarnte er sich schon als ein Urenkel des Dada. Die Leute jubelten in der »sozialistischen« Republik, wenn bei Krause Zwieback aus dem Wort »Staatsratsvorsitzender« ein »Staatsvorratsvorsitzender« wurde. An der Hochschule für Grafik und Buchkunst gab er während der großen Faschingsfeten manch wilde Performance mit seinem Studienkollegen Johannes Heisig. In Leipzig war vieles möglich, was in anderen Gegenden der DDR undenkbar gewesen wäre. So kam zum Beispiel Ende der achtziger Jahre aus Quedlinburg ein schriller Chansonnier hierher, von seinen Verehrern auch »Ost-Villon« genannt: Jens-Paul Wollenberg. In seiner Heimatstadt wurden Wollenbergs Programme ständig verboten. »Andere gingen in den Westen, ich ging nach Leipzig. Das hatte für mich den gleichen Effekt.« So sagte er es in dem nach der friedlichen Revolution erschienenen Buch »boheme und diktatur in der ddr«.

Nur in Leipzig gab es zum Beispiel auch zwei Berufskabaretts: die »Pfeffermühle« und die »academixer«. Dazu noch eine Reihe von Amateurensembles. Die DDR war ja das kabarettreichste Land der Erde: 600 Gruppen vom Betriebs-

bis zum Hochschul- oder Schülerkabarett erheiterten die Menschen in dieser sozialistischen Republik, deren führende Genossen gar keinen Spaß verstanden.

Im Sommer 1990 gründeten Leipziger Künstler einen Verein zur Vorbereitung der Lachmesse. Die mauserte sich zum größten Kabarett- und Kleinkunstfestival Europas, zieht alljährlich im Oktober Tausende Besucher an. Neben den beiden erwähnten Brettlbühnen sind auch die im neuen Leipzig dazugekommenen Kabaretts »Funzel« und »Sanftwut« ins Programm integriert, und die großen Namen der Branche füllen mühelos das Schauspielhaus oder die Oper. Den Preis dieser besonderen Messe, den »Leipziger Löwenzahn«, haben renommierte Unterhaltungskünstler aus Ost und West in ihrer Schrankwand oder in ihrer 20er-Jahre-Glasvitrine stehen.

Thema dieser ganzen Messe ist das Lachen, und daraus resultiert, wie wir alle wissen, Seelenhygiene pur. Oder wie es Joachim Ringelnatz so schön gesagt hat: »Humor ist der Knopf, der verhindert, dass uns der Kragen platzt.«

Trainingsstrecke zur »Entschleunigung«

Wer am Zoo aus der Straßenbahn steigt, hat sofort den besonderen Geruch der Tiere in der Nase. Der erinnert mich an meine Kindheit – an die Tierschau in einem Zirkus.

Ich gehe gern in den Zoo. Nirgendwo sonst kann ich Menschen so gut beobachten. Sie bemerken das nicht, weil alle konzentriert die Tiere anschauen. Ich betrachte die Gesichter, die Mimik, höre die Kommentare: »Findst du nich ooch, dass der irschendwie dem Siechfried ähnlich sieht…?«

»Das gommd durch den Bart.«

Menschen im Zoo sind entspannt, bewegen sich gelassen. Der Zoo ist einer der wenigen Orte in unserer Stadt, an dem sich die Leute noch Zeit nehmen. Ein bisschen Voyeurismus ist natürlich dabei. Nur dass es der Blick in eine Tierwohnung, in das Zusammenleben von Kreaturen ist.

Im Zoo hetzen die Menschen nicht von Gehege zu Gehege. Selbst die dynamischsten Typen, die einen (mit Handy am Ohr) auf dem Boulevard fast umrennen, verfallen hier in Schlenderschritt. Liebespaare sowieso – und bei Familien lassen die Kinder, die Omas und Opas gar kein anderes Tempo zu. Der Zoo ist eins der letzten Refugien der Langsamkeit.

Überall gemächlich sich bewegende Menschen aller Altersgruppen, die nach ein paar Schritten schon wieder vor der nächsten Anlage verweilen. Nachdem in Deutschland über Jahrzehnte nur noch von Beschleunigung die Rede war, taucht da und dort zaghaft ein neues deutsches Wort auf: die Entschleunigung. Das Areal zwischen den Tiergehegen ist dafür eine gute Trainingsstrecke, und dem Motto der Einrichtung, »Der Natur auf der Spur« kann man sich getrost anschließen.

Der Leipziger Zoo hat sich in den letzten Jahren prächtig entwickelt. Viele Tiere verschwanden aus den Käfigen und leben nun in halbfreier Wildbahn. Zogen sozusagen aus der Kaserne in ein Haus mit großem Garten.

Aber dort können sich die Tiere auch besser verkrümeln. Ich sah in der Tiger-Taiga viel Grün, Felsen und Wasser, bloß keinen Amur-Tiger. Die waren gerade in ihren »Rückzugskäfigen«. Es geht den Tieren wohl wie den Menschen; hin und wieder müssen sie sich auch einmal verkriechen.

Die neu gebauten Anlagen sind enorm. Die weltgrößte Menschenaffenanlage Pongoland nimmt eine Fläche von 30 000 Quadratmetern ein. Sie entstand in Zusammenarbeit mit dem Max-Planck-Institut für evolutionäre Anthropologie. Derlei hätte sich Ernst Pinkert 1878 nicht träumen lassen, als er den Zoologischen Garten Leipzig eröffnete, in dessen Schaugehegen Tiger, Panther und Löwen zu besichtigen waren.

Oder der neue Elefantentempel Ganesha Mandir mit seinen großzügigen Außenanlagen. Manches, wie die pagodenähnlichen Holzbauten, ist mir etwas zu operettenhaft inszeniert. Aber ich hörte, dass »unsere Menschen« so etwas schön finden.

Ein Mann neben mir war von den größten Landsäugetieren unserer Erde ungeheuer beeindruckt: »Das sind aber ooch Riesendinger!« Recht hat er, denn sie können immerhin bis zu vier Meter hoch werden und bringen bis zu sieben Tonnen auf die Waage.

Wie kann man bloß von Brot und Gras so groß werden?

Ein Elefant stand in der Außenanlage, wiegte seinen Kopf hin und her und tastete mit seinem Rüssel immer wieder eine geschlossene Tür ab. Ein kleines Mädchen fragte ihren Vater:
»Was will'dn der Elefant?«
»Der will dort rein.«
»Warum kommt'n der nich rein?«
»Weil die Tür zu ist.«
»Warum issn die Tür zu?«
»Komm, mir gehn jetzt zu den Giraffen.«
Im Kellergeschoss des Tempels kann man den Elefanten sogar beim Baden zusehen. Da schweben die mächtigen Körper hinter einer Glasscheibe im Wasser und wirken geradezu leichtfüßig, bewegen sich wie im Zeitlupentempo.

In der Kiwara-Lodge sitzt man auf einer Terrasse und schaut auf Zebras, Giraffen oder einen Strauß und viel Grün ringsum, blickt dabei weit ins Rosental, das nicht durch eine Mauer, sondern nur durch einen Graben vom Zoo getrennt ist.

Glücklicherweise hat der Leipziger Zoo einen mächtigen Verbündeten an seiner Seite: das Fernsehen! Da viele Menschen ihrer eigenen Wahrnehmung nicht mehr trauen, sondern die Realität lieber über die Mattscheibe erleben und nur das auf- und besuchen, was sie aus dem Fernsehen kennen, war und ist natürlich die – wirklich gut gemachte – MDR-Sendung »Elefant, Tiger & Co.« die grandioseste Anschubfinanzierung für die Erweiterungsbauten des Leipziger Tiergartens auf dem Weg zum »Zoo der Zukunft«. Die Sendung wurde von anderen dritten Programmen kopiert, aber nie erreicht. Sie ist übrigens in Deutschland die längste wöchentliche Dokusoap und bringt Besucher aus allen Himmelsrichtungen in die Messestadt.

Die Planung für die Zukunft des Geländes geht weiter. Bis 2009 entsteht die Riesentropenhalle Gondwanaland; dadurch wird sich der Zoo dann auf einer Fläche von etwa 25 Hektar ausbreiten.

Als ich an einem Sonnabend mit meiner Frau vom Mittag-

essen aus der Kiwara-Lodge kam, hörten wir über Lautsprecher eine Männerstimme, und meine Frau meinte plötzlich:
»Ist das nicht der Herr Gräser?«
»Was denn für ein Herr Gräser?«
»Na, der aus der Serie!«
So erfuhr ich, dass sogar meine Frau die Fernsehserie eifrig verfolgte. Wir kamen näher, und es bestätigte sich, Menschen umstanden die Löwen-Savanne Makasi Simba. Der Zoomitarbeiter, der über ein Headset mit den Zuschauern plauderte, animierte die Löwen, die faul im Gras lagen, zum Aufstehen, indem er von oben einen Ball ins Gelände warf, der auch mal, wie er erzählte, von einem Löwen in der entsprechenden Stimmung »zernischeld« wird, nannte die Löwin in seiner heiter-sächsischen Art »Mädel« und informierte am Schluss, dass er nun an der Erdmännchenanlage dies und das zum Besten gebe. Und die Menschen gingen eilig zu den Erdmännchen, um Herrn Gräser nicht zu verpassen.

Was ist anders in diesem neuen Zoo, der für die Tiere viel Gutes brachte, sie aus engen Käfigen befreite?

Der alte Tiergarten war insgesamt ruhiger. Jetzt rattert dort eine Eisenbahn für die Kinder, vor den Gehegen kann man auf einen Knopf drücken und hört Brunftgeräusche, im Busch kann man in einen LKW klettern und sich wie auf einer Safari durchschütteln lassen, und über Lautsprecher erzählt Herr Gräser von den Löwen.

Ohne perfektes Marketing läuft eben nichts mehr. Früher ging man einfach in den Zoo, heute locken dort sogenannte Events die Besucher an.

Was geblieben ist: Mensch und Tier stehen sich an vielen Stellen gegenüber. Der Mensch natürlich mit dem Gefühl, der Überlegene, die Krone der Schöpfung zu sein.

Wie mögen die Tiere uns wohl sehen? Zwar können, wie wir meinen, Tiere nicht lachen, aber vielleicht tun sie das auf andere Art, ohne eine Miene zu verziehen? Was wissen wir denn?

Das grüne Leipzig

Was immer über Leipzig erzählt wird – kaum ein Auswärtiger weiß, dass es eine ausgesprochen grüne Stadt ist. Ja, es ist die einzige Großstadt Europas, durch die sich ein Waldgebiet zieht: der romantische Auwald. Davon entfallen auf die Stadt Leipzig 3000 Hektar, 25 Kilometer sind von der Luppenaue bei Lützschena bis zum Elsterstausee bei Knauthain zu erwandern. Trotz vieler Eingriffe seit dem Anfang des vorigen Jahrhunderts – vor allem durch den Braunkohleabbau gingen unzählige Dörfer und Waldgebiete verloren – blieb dieses seltene Landschaftsschutzgebiet mit den typischen Auwaldbäumen wie zum Beispiel Esche, Bergahorn und Feldulme erhalten.

Für das Leipziger Klima ist der Auwald von enormer Bedeutung: durch die verzweigten Flussarme, durch die Wälder und Wiesen. Das wirkt sich auf die Luftfeuchtigkeit aus und mildert die Temperaturen.

Im Bereich des Stadtgebietes nutzen die Leipziger und ihre Gäste mehrere große Parks, die in den Auwald übergehen: das Rosental, das Gelände um den Auensee, den Wildpark, den Agra-Park und den Clara-Zetkin-Park. Vor dessen Gelände liegt, nur von einer Straße getrennt, der Johannapark. Ihn erreicht der Spaziergänger vom Neuen Rathaus aus zu Fuß in kaum fünf Minuten. Der Bankier Wilhelm Seyfferth ließ ihn zur Erinnerung an seine Tochter anlegen. Sie starb, wie man damals zu sagen pflegte, an »gebrochenem Herzen«.

Der Park wurde vom bekannten Landschaftsgestalter Peter Joseph Lenné im englischen Stil geplant und war von Anfang an für alle begehbar. Seyfferth übergab diesen Park der Stadt unter der Bedingung, dass das Gebiet niemals bebaut werden darf und allzeit in seiner Schönheit erhalten bleiben muss…

So weitblickend waren einst die Bankiers unserer Stadt! Gewiss haben damals schon die Immobilienhaie mit den Zähnen geknirscht…

Der Park ist vor allem bei Studenten und anderen jungen Leuten sehr beliebt. Sie tummeln sich auf der großen Wiese, liegen in der Sonne, flirten, erleben also, was Johanna verwehrt blieb, spielen Ball und bewundern die Fontäne. Alte spazieren gemächlich über die beiden geschwungenen Holzbrücken des Teiches und denken wehmütig daran, wie sie hier einst im Winter Schlittschuh liefen.

Wer im Frühjahr durch den Auwald spaziert, dem scheint es, als schwebe eine Knoblauchwolke vor ihm her. Da riecht es im ganzen Wald deftig nach weiß blühenden Bärlauchgewächsen. Die findet man in Deutschland nicht so häufig, denn um zu gedeihen, benötigen diese Pflanzen sumpfige Auen.

Zur DDR-Zeit ist komischerweise kaum einer auf die Idee gekommen, das frische Grün in irgendeiner Weise zu nutzen. Die Bärlauch-Welle schoben nach meiner Erfahrung erst die Neuleipziger aus den alten Bundesländern an. Plötzlich tauchten in den Restaurants der Stadt Bärlauchsuppen auf, Frischkäse mit Bärlauch und Bärlauchpesto. Wahrscheinlich haben die uns überlegenen Gourmets mit internationaler Erfahrung sofort den Wert dieses grünen Krauts entdeckt und für dessen Nutzung gesorgt. Wer im März, April durch den Auwald spaziert, darf einen Handstrauß für den Eigenbedarf pflücken. Na ja, und wer große Hände hat...der kommt schon eine Weile damit hin. Unter Naturschutz steht diese Lauchart jedenfalls nicht, dazu gibt es sie zu reichlich.

Von älteren Leipzigern ist überliefert, dass sich die Nazis angeblich mit dem Gedanken trugen, die Bärlauchkolonien im Wald mit Stumpf und Stiel auszurotten, weil sie der knoblauchartige Geruch an den »slawischen Untermenschen« erinnert habe. Aber auch diesen Kampf hätten die Nationalsozialisten verloren, weil garantiert einige Zwiebeln im »Untergrund« überlebt hätten.

Der Clara-Zetkin-Park ist bei Jung und Alt sehr beliebt; ein Teil der Anlage, der Albertpark, wurde anlässlich der Sächsisch-Thüringischen Industrie- und Gewerbeausstellung im Jahr 1897 angelegt. Zum Zetkin-Park gehört auch der Palmengarten. Das Besondere daran ist, dass der Spaziergänger dort nicht eine einzige Palme sieht. Das bei den Leipzigern beliebte Palmenhaus mit einem großen Saal für Bälle wurde schon in den dreißiger Jahren abgerissen. Ein »Glashaus« steht allerdings im Park an anderer Stelle. Das Restaurant wird von den Besuchern wegen der freien Sicht auf die Anlage und bei schönem Wetter vor allem wegen der Sitze vorm Haus gern genutzt.

Apropos Grün...unbedingt erwähnen muss ich einen Biergarten in Connewitz, er gehört zum »El dry«. Der Name des Lokals ist etwas verwirrend, drei Formgestalter, die zusammen arbeiteten und dereinst unter »L3« firmierten, kamen auf die Idee, die Gaststätte so zu nennen. Ihre originellen Einfälle sind in der Ausgestaltung der Räumlichkeiten, die vorher als Werkstatt genutzt wurde, nicht zu übersehen. Wo sonst sitzt man zu zweit an einer Bohrmaschine aus der Zeit um 1900? Aber das Schönste liegt eben hinterm Haus, jener Biergarten unter Bäumen, in dem Tische im Gras stehen und der auf einer Seite von einem kleinen alten Bauernhof begrenzt wird, der schon zur Völkerschlacht dort stand.

Zurück zum Clara-Zetkin-Park. In der Nähe vom »Glashaus« sitzen die Leipziger gern an der Dahlienterrasse. Die Terrasse, auf der früher oft kulturelle Veranstaltungen stattfanden, gibt es nicht mehr, sie ist längst einer Wiese gewichen, aber Dahlien blühen dort im Herbst in üppiger Pracht.

Oft spaziere ich an der Elster entlang. Auf der einen Seite werfen die hohen Bäume an heißen Tagen ihre wohltuenden Schatten, auf der anderen Seite des Flusses führt ein Dammweg am »wilden« Auwald vorbei. Obwohl der Trubel des Verkehrs ganz nah ist, gibt es Stellen völliger Ruhe. Die Augen sehen nur Himmel, Grün und Wasser. Und das mitten in der Stadt. Auf beiden Seiten spiegeln sich die Bäume im Fluss. Dann passiere ich die Rennbahn im Scheibenholz, wo sich der Blick auf diese große Wiesenfläche weitet, und nähere mich jener Stelle, an der die Pleiße in die Elster fließt.

Der vielleicht romantischste Park befindet sich übrigens außerhalb der Messestadt in Lützschena, am nordwestlichen Rand der Leipziger Burgaue. Auch wegen zahlreicher Gaststätten war der Ort früher ein beliebtes Ausflugsziel. Schließlich wurde dort das bekannte Sternburg-Bier gebraut.

Der geadelte Leipziger Kaufmann Maximilian Speck von Sternburg legte bei der Gestaltung des Schlossparkes Wert darauf, nur wenig in die natürlichen landschaftlichen Gegebenheiten einzugreifen. Wenn ich zu DDR-Zeiten durch diese Naturidylle bummelte, dann konnte einen angesichts des Vandalismus die Wut packen. Die Familiengruft war aufgebrochen und verwüstet, Skulpturen waren geschändet, die Waldkapelle stand als Ruine. Lediglich der Dianentempel hat den Randalierern getrotzt. Es schien, als hätte sich die römische Jagdgöttin zu verteidigen gewusst. Inzwischen sind verschlammte Flussläufe und verwilderte Wege Geschichte. Eine Auwald-Station informiert über dieses besondere Stück Natur, über die spezielle Fauna und Flora.

Einige Nachfahren des Speck von Sternburg wohnen inzwischen wieder im Schloss und arbeiten mit engagierten Bürgern an der Rekonstruktion des Geländes. Und nicht nur das – die Familie sorgte 1996 dafür, dass die legendäre Kunstsammlung des Leipziger Kaufmanns, eine der bedeutendsten, die es im Deutschland des 19. Jahrhunderts gab, im Museum der bildenden Künste verbleiben kann.

Einer der Leipziger Parks war gar keiner und wurde erst in der DDR zu einem gemacht: der Friedenspark an der Linné- und Rosenthalstraße. Hier befand sich bis 1973 der Neue Johannisfriedhof. Den Toten war es jedoch nicht vergönnt, in Frieden zu ruhen. Dabei hätten die Stadtoberen allen Grund gehabt, gerade diese Begräbnisstätte zu erhalten, da dort viele bürgerliche Leipziger Familien bestattet waren, die den Ruhm der Messestadt in alle Welt getragen hatten.

Die Säkularisierung des Geländes wurde nicht nur lieblos, sondern barbarisch vollzogen. Das böse Wort von der »Russifizierung«, was ausdrückte, dass ohne Rücksicht bürgerliches Erbe in den Schmutz getreten wurde – hier war es angebracht. Augenzeugen berichteten, dass sogar während der Umgestaltung Skelettreste auf dem Gelände lagen.

Einer der Verantwortlichen brachte in jener Zeit einen »Neuerervorschlag« (dieses Wort unterstrich mein Computer sofort rot, weil er damit nichts anfangen konnte…) ein. Der Mann hatte die grandiose Idee, die anfallenden Grabsteine nicht mit LKWs abfahren zu lassen, denn Transportkapazität und Kraftstoff zählten in der DDR immer zu den sogenannten Engpässen. Unser Neuerer schlug also vor, die Grabsteine auf einem großen Haufen zu sammeln, den mit Erde aufzuschütten, damit die Kinder einen Rodelberg bekommen.

Geschmacklos, meinen Sie? Ohne Respekt vor den Toten? Der Mann wurde in die Schranken gewiesen? – Der Neuerer bekam für seinen Vorschlag eine Prämie. Seit 1983 kreischen die Kinder vor Freude, wenn sie den Abhang hinunterschlittern.

Unvergesslich ist mir auf diesem Friedhof eine große metallene Jesusfigur, die im Krieg Granatsplitter getroffen hatten. Das Metall war an einigen Stellen so durchlöchert, dass man aufgerissene Wunden zu sehen glaubte. Die Arme hingen nach unten, die Handflächen zeigten nach außen – eine traurige, fast hilflose Geste. Diese im Krieg beschädigte Figur war für mich ein einziges Sinnbild der Trauer: Seht, was sie aus mir gemacht haben. Ein treffenderes Mahnmal gegen den Krieg im Friedenspark hätte ich mir gar nicht vorstellen können.

Und nun bekam diese Figur eine zweite Bedeutung: Seht, was sie aus diesem Gottesacker machen.

Der Jesus landete im Schmelzofen. Den Krieg hatte er überstanden, den Frieden nicht mehr.

Ein Leipziger Denkmalpfleger versuchte, die wertvollsten Grabsteine zu retten, sie wurden ungesichert hinter dem Grassimuseum gelagert, um sie später einmal auf dem angrenzenden Alten Johannisfriedhof wieder aufzustellen. In dem jedermann zugänglichen Gelände tobten sich über die Jahre Halbstarke und Kriminelle aus. Ein Teil der Steine verschwand, andere fielen dem Vandalismus zum Opfer.

Seit 1995 ist diese älteste Begräbnisstätte Leipzigs, deren Geschichte 1278 begann, als Friedhofspark wieder für Interessenten zugänglich, und auch die letzten geretteten Grabmale vom Neuen Johannisfriedhof wurden dort aufgestellt. Einige in jenem desolaten Zustand, in dem sie vorgefunden worden waren. Dort erinnern Grabsteine an solch bedeutende Familien wie Brockhaus und Teubner, an die Oberbürgermeister Tröndlin und Koch.

Beim Lesen des Spruches auf dem Grabstein vom Buchhändler Hermann »Wahrheit und Recht sind immer Gottes Handwerk« fiel mir ein, dass zur Erfüllung dieses Satzes noch viele Meister und Gesellen hienieden nötig sind.

Beerdigt wurde auf dem Alten Johannisfriedhof auch Käthchen Schönkopf, deren Namen längst keiner mehr kennen würde, wenn sie nicht mit dem jungen Goethe angebandelt hätte. Richard Wagner begrub hier seine Mutter und seine ältere Schwester Rosalie. Wie Auguste Schmidt, eine der Initiatorinnen des Allgemeinen Deutschen Frauenvereins, fanden auf dem Friedhof auch der Verleger Tauchnitz und der Kaufmann Franz Dominic Grassi ihre letzte Ruhe. Nach Grassi, dem einstigen Stifter, ist das angrenzende Museum benannt, das auf einem Teil des Friedhofes und des alten Johannishospitals in den Jahren 1925–1927 errichtet wurde. Der prächtige Art-decó-Bau, der im Krieg Schaden genommen hat, wurde gerade mit viel Liebe renoviert. Ein Besuch lohnt, denn eine Sammlung von europäischem Rang wird hier hervorragend präsentiert.

Der Komplex beherbergt die Museen für Angewandte Kunst, für Völkerkunde und für Musikinstrumente. Wer sich dafür interessiert, gelangt in wenigen Minuten vom Augustusplatz durch den Grimmaischen Steinweg dorthin. Von weitem grüßt schon ein vergoldeter Dachschmuck, im Volksmund »Ananas« genannt. Die museale Anlage wurde von den Erbauern absichtlich relativ flach gehalten, damit sie optisch nicht mit der – im Krieg zerstörten – barocken Johanniskirche kollidierte. Wer die Stille sucht, egal ob Tourist oder lärmgeschädigter Großstädter, der kann durch das Museum direkt in den angrenzenden Friedhof spazieren und unter alten Bäumen die Ruhe dieses Ortes genießen.

Als schönster Park, bezogen auf seine Anlage und den Baumbestand, gilt jedoch in Leipzig der Südfriedhof. Hier ist es noch stiller als in jedem anderen Park, denn kein Fahrrad-Rambo kreuzt meinen Weg, kein Hund stürzt mit Gebell auf mich zu, springt mich gar an, wie ich es andernorts schon erlebt habe, und hinterlässt den Abdruck seiner Pfoten auf meiner hellen Hose. Beruhigend kommt dann vom Herrchen der berühmte Satz: »Der tut Ihnen nichts!« Ja, so hofft der Besitzer, und so hoffe auch ich, aber was denkt der Hund?

Und schließlich nähert sich mir auf dem Friedhof auch kein hechelnder Jogger, dessen Schritte im Kies knirschen. Nein, hier ist jene Ruhe, die den Menschen unserer lärmigen Welt so guttut, nur von Vogelgezwitscher unterbrochen. Den einzigen lauten, aber angenehm klingenden Ton, den ich bei einem Spaziergang über den Südfriedhof höre, der schallt vom sechzig Meter hohen Glockenturm der neoromanischen Kapelle, dem größten Friedhofsbauwerk in Deutschland. Die dreiteilige Kapellenanlage wurde der Benediktinerabtei Maria Laach in der Eifel nachempfunden.

Der Südfriedhof wurde in den achtziger Jahren des 19. Jahrhunderts eröffnet und ist mit seinen 82 Hektar nicht allein in Deutschland (da kann bloß Hamburg-Ohlsdorf mithalten), sondern auch in Europa ein Prunkstück.

Das stolze Leipziger Bürgertum wollte sich nicht nur im Leben, sondern auch über den Tod hinaus ein Denkmal setzen. Da gibt es Übertreibungen, die besitzen mitunter exzessive Züge, wie man am Mausoleum des Geheimen Kommerzienrates Ernst Traugott Fritzsche sehen kann. Er hatte Anfang des 20. Jahrhunderts ein Vermögen mit Duft- und Geschmacksstoffen verdient, war in jener Zeit auf der Welt der wichtigste Produzent von ätherischen Ölen und errichtete auch das erste industrielle Versuchslaboratorium auf diesem Gebiet.

Es wird erzählt, dass der letzte sächsische König eines Tages diese weltberühmte Firma Schimmel und Co. besuchte und wohl von den vielen Düften überfordert war, genauer gesagt, sie nervten mit der Zeit seine königliche Nase. Bevor er den Salonwagen bestieg, übergab er seinen Mantel einer Hofschranze mit den Worten: »Dähn häng Se mah gleich for achd Daache wägg!«

Fritzsche ließ sich auf dem Südfriedhof den vom Renaissancebaumeister Donato Bramante geschaffenen Rundtempel aus dem römischen Kloster San Pietro als Begräbnisstätte nachbauen. Mit 14 Säulen und einer eindrucksvollen Kuppel. Ein Mausoleum für den Bürger Fritzsche.

Grabmäler von künstlerischem Wert stehen reichlich auf dem Gelände des Südfriedhofs. Natur und Kunst lassen sich am Rande der geschwungenen Wege wohl am besten an einem sonnigen Herbsttag genießen, wenn rot gefärbtes Laub eine steinerne Jugendstildame im langen Kleid umrahmt. Ich habe noch keinen Friedhof gesehen, auf dem so viele schöne Frauenfiguren zu entdecken sind. Zwar sollen die im 19. und zu Beginn des 20. Jahrhunderts entstandenen Kunstwerke Trauer symbolisieren, aber sie zeigen neben einer gewissen Melancholie auch eine gesunde Portion Erotik.

Nicht nur Frauen stehen unter Bäumen, recken sich über Büsche empor, auch dem männlichen Körper wird gehuldigt. Dem Betrachter der zahllosen Skulpturen und Reliefs wird bald klar, dass es in dieser Stadt viele kunstsinnige Menschen gegeben haben muss. Und dem ist wirklich so!

Da Leipzig – wie schon erwähnt – als Klein-Paris gilt, wagte ein Journalist, einen Artikel über den Friedhof mit »Père Lachaise des Ostens« zu überschreiben. Das ist zweifellos etwas übertrieben, obwohl auch hier bedeutende Menschen die letzte Ruhe fanden. Denken wir nur an die großen Verleger Reclam, Baedeker, Ullstein, Meyer, Thieme, an die legendären Gewandhauskapellmeister Reinecke, Nikisch, Konwitschny, die Thomaskantoren Schreck, Straube, Ramin, den Neurologen und Psychiater Flechsig, den Psychologen und Philosophen Wundt, der in Leipzig das weltweit erste Institut für experimentelle Psychologie gründete, oder an den Medizinhistoriker Sudhoff, der hier das erste medizinhistorische Institut ins Leben rief. Aus der jüngsten Zeit sei an die Maler Mattheuer und Tübke erinnert.

Bedeutende Schriftsteller sind seltener. Aber immerhin: Der bekannte Christian Fürchtegott Gellert liegt auf dem Friedhof. Seine sterblichen Reste kamen allerdings lange nicht zur Ruhe. Erst wurde er auf dem Alten Johannisfriedhof begraben, dann mit Bach in der Gruft unter dem Altarraum der Johanniskirche. Nach der Zerstörung dieses Gotteshauses im Zweiten Weltkrieg war seine nächste Ruhestätte die Universitätskirche und nach deren Sprengung im Frieden wurde er schließlich auf den Südfriedhof umgebettet...

Beigesetzt ist dort ebenso die unvergessene Mundartdichterin Lene Voigt. Auf deren Grabstein ist ein Zitat aus einem ihrer Gedichte eingemeißelt, das gleichzeitig ein Stück sächsischer Mentalität symbolisiert:

»Was Sachsen sin von echtem Schlaach,
die sinn nich dod zu griechn...«

Die Textzeile aus »Unverwüstlich« geht dann im Original weiter:

»Drifft die ooch Gummer Daach fier Daach,
ihr froher Mut wärd siechn.«

Die Sachsen behaupten das bis auf den heutigen Tag von sich selbst.

Grandios ist die Vielfalt der Bäume und Gehölze auf diesem Parkfriedhof. Schon 1929 schrieb ein Redakteur in der »Leipziger Volkszeitung«: »Der botanische Garten der Universität ist ein ärmliches und trockenes Stück gegen die Pflanzenwelt des Südfriedhofes.«

Und nun, fast 80 Jahre danach, gilt das erst recht, obwohl der kleine, aber feine botanische Garten an der Linnéstraße auch seine Reize hat!

An die 10000 Rhododendronbüsche blühen im Frühjahr auf dem Gelände des Südfriedhofs. Sie sind inzwischen bis zu vier Meter hoch gewachsen. Die Spaziergänger baden dann in einem Blütenmeer. Seltene Bäume wie der Mammutbaum, Hängesilberlinden, Traueresches, Hängeulmen oder Amberbäume gedeihen in der Leipziger Luft. Linden gibt es in allen möglichen Varianten, dazu herrliche Roteichen, Blutbuchen und kräftige Schwarzkiefern.

Das Grün hat in der Geschichte unserer Stadt immer eine große Rolle gespielt. Leipzig wird nicht umsonst seit fast dreihundert Jahren Gartenstadt genannt. Julius R. Haarhaus hat in seinem 1928 erschienenen Buch »Leipziger Spaziergänge« allein zehn große Gärten aus der Vergangenheit beschrieben. Reich gewordene Bürger haben hier eher als in anderen Städten ihre Liebe zur Natur kultiviert. Und das nicht nur zu eigenem Nutz und Frommen, sondern – wie schon bei dem Bankier Seyfferth beschrieben – die Gärten waren offen für alle.

Die Gärten der Leipziger wohlhabenden Bürger lagen seinerzeit vor den Toren der Stadt. Als Mitte des 19. Jahrhunderts die Bevölkerung wuchs, fielen die Anlagen schließlich der Erweiterung Leipzigs zum Opfer. Heute erinnern nur noch Straßennamen im Stadtbezirk Mitte an diese grünen Oasen: Czermaks Garten und Apels Garten. Nach Letzterem ist außerdem noch in jenem Stadtteil ein Restaurant benannt, dessen Küche zu empfehlen ist.

Der Seidenfabrikant Apel besaß einen der schönsten Leipziger Barockgärten. Die Mär berichtet, dass August der Starke ein königliches Auge auf die Dame des Hauses geworfen habe. Bei einem Besuch bat er Frau Apel, einen Wunsch zu äußern. Sie wünschte sich von ihm einen Fächer, und er habe ihr daraufhin angeblich einen Garten, fächerförmig angelegt, geschenkt. In Wahrheit hat aber wohl alles der treue Gatte initiiert und bezahlt. Die Anlage ist sogar heute noch einigermaßen nachzuvollziehen. Den »Stiel« des Fächers stellt die Otto-Schill-Straße dar, die auf den Dorotheenplatz mündet. Von dort gehen strahlenförmig die Reichel-, Kolonnaden- und Elsterstraße ab.

Leipzig ist nicht nur die Wiege der Arbeiter-, sondern auch der Schrebergartenbewegung.

Fast jeder vierte Leipziger ist Mitglied in solch einem Verein. Damit ist die Messemetropole Hauptstadt der Kleingärtner, die aber nichts mit Kleingeistern gemein haben, denn in jenen grünen Oasen entspannen sich längst Menschen unterschiedlicher Bildung, vom Maurer bis zum Professor.

Begonnen hat alles vor 175 Jahren. Bereits 1832 setzte sich der Leipziger Ratsherr Dr. Moritz Seeburg dafür ein, den

Armen eine alte Kiesgrube zur Verfügung zu stellen, damit sie gegen einen Pachtzins die Chance hätten »die nötigen Kartoffeln und andere Erdfrüchte anzubauen«. Aber schon damals ging es auch darum »eine nützliche und zugleich freudemachende Beschäftigung zu gewähren«. Dass dem so ist, wird Ihnen jeder Kleingärtner bestätigen.

Aus dieser Kiesgrube entstand damals die Gartenanlage Johannistal. Das Gelände gehörte dem Johannishospital – daher der Name. Auf eine Pacht wollte man allerdings nicht verzichten. Es war zwar gut gedacht mit den Armen..., doch wer die drei Taler im Jahr nicht aufbringen konnte, der war auch wieder vom Anbau seiner Erdfrüchte ausgeschlossen.

Der Orthopäde Dr. Daniel Gottlob Moritz Schreber war der geistige Vater der Kleingartenbewegung. Sein Leitmotiv für mehr Gesundheit lautete: Licht, Luft, Wasser, Bewegung und Ernährung. Gartenarbeit an frischer Luft spielte für ihn eine große Rolle. Sein Schwiegersohn – Dr. phil. Ernst Innocenz Hauschild – setzte diese Überlegungen in die Praxis um.

Wenn Sie ein Gartenfreund sind, so können Sie in der Aachener Straße heute noch dem historischen Schreberverein einen Besuch abstatten (der Biergarten unter alten Bäumen ist ebenfalls sehr einladend). Die gesamte Anlage steht natürlich unter Denkmalschutz, und im 1896 errichteten Vereinsgebäude befindet sich das einzige Kleingärtner-Museum Deutschlands. Ob dort neben Gartenzwergen auch der aus Vorgärten bekannte, bunt bemalte und mit Pelargonien bepflanzte Autoreifen (undenkbar in Kulturlandschaften wie der Toskana oder der Provence!) zu den Exponaten zählt, entzieht sich meiner Kenntnis.

Leipzig am Wasser

Fünfzehn Minuten benötige ich mit dem Auto, um von meiner Wohnung in den Urlaub zu kommen, nach Markkleeberg an den Cospudener See. Wer im Leipziger Süden wohnt, braucht nicht länger. Vom Parkplatz schlendere ich an farbigen Holzhäusern vorbei, die einem das Gefühl geben, nicht mehr in Sachsen, sondern in Skandinavien zu sein. Ich werfe einen Blick in den »Kunstraum am See«. Peter Körtge ist wohl der einzige Galerist in Deutschland, der außer Kunst und Antiquitäten (ein paar Häuschen weiter) auch Bratwurst und Bier verkauft. Und damit lässt sich vermutlich besser überleben als mit Kunst.

Die hölzerne Terrasse vom Pier 1 lädt zum Verweilen ein. Ein weißes Segelboot zieht lautlos vorbei, zwei Möwen kreisen am Himmel. Ein Liebespaar läuft auf dem Bootssteg in den See hinaus. Das Gemurmel der Menschen und das leichte Plätschern des Wassers sind die einzigen Geräusche. Schnell wird ein Bier gebracht und bald der gebratene Fisch serviert – Urlaub!

Meist trifft man dann noch Bekannte, die diesen Sommerabend auf dieselbe wohlige Weise ausklingen lassen wollen. Es ergibt sich ein angeregtes Gespräch über Gott und die Welt an dem idyllischen Ort. Oder man macht gar eine »Urlaubsbekanntschaft«.

Wenige hundert Meter entfernt stand ich im Herbst 1989 mit einem Journalisten und einem Fotografen der »Frankfurter Allgemeinen Zeitung«. Sie schauten beeindruckt in die Tiefe, in die aufgerissene Erde jenes Braunkohlentagebaus, der sich weit an die Messestadt herangefressen hatte. Der Abbau von Braunkohle hatte hier Tradition, schon die Nazis kurbelten die Förderung samt der entsprechenden Kohlechemie vehement an. Die rohstoffarme DDR führte dieses bittere Erbe intensiv weiter. Namen wie Böhlen und Espenhain waren mit ihren Werken ein Synonym für Dreck und Gestank. Dass es sich bei dem zweiten Ortsnamen um ein Substantiv aus Hain und Espen handelte – das nahmen wir gar nicht mehr wahr. Wer sich im Sommer mit dem Auto Espenhain näherte, wusste nur eins: Er musste beizeiten die Fenster hochkurbeln.

Rigoros wurde in die Landschaft eingegriffen; über sechzig Orte, zum Teil mit einer fast tausendjährigen Kulturgeschichte, wurden zerstört. Neben diesen Ortschaften verschwanden Wälder von der Landkarte, wurden Flüsse vergiftet, die Produktion stank im wahrsten Sinne des Wortes zum Himmel. Flugasche rieselte auf Mensch und Tier herab. Bis nach Leipzig. Wer am Abend vergessen hatte, seine Wäsche von der Leine zu nehmen, konnte sie am nächsten Tag wieder in die Waschmaschine stecken.

1990 machten die Abraumbagger vor den Toren Markkleebergs halt, die Braunkohleförderung wurde eingestellt. Eine unglaubliche Chance für diese Region. Nun befindet sich südlich von Leipzig die größte Umweltbaustelle Europas: das Neuseenland.

Der Mensch formt sich eine Landschaft nach seinem Bilde. Aus dem Zerstörer wird ein Schöpfer. Die Seen, die in den Tagebaurestlöchern entstanden sind und noch entstehen, werden teilweise mit Kanälen verbunden. Dadurch erhält diese Region eines der attraktivsten deutschen Wassersportgebiete. Schon heute fahren Menschen mit dem Wohnwagen in den Südraum Leipzigs. Vor wenigen Jahren wäre das noch unvorstellbar gewesen! Was sich hier in verhältnismäßig kurzer Zeit getan hat, ist atemberaubend.

Allein der Zwenkauer See, er wird gerade geflutet, ist größer als der Tegernsee.

Bald wird es im Leipziger Umland mehr Wald geben, als man in dieser Gegend je gesehen hat. Der Mensch stellt die Weichen, damit die Natur ihr Terrain zurückerobern kann.

Jeder, der die Leipziger Umgebung besucht, wird Augenzeuge eines ungeheuren Aufbruchs. Keine Landkarte ist derzeit aktuell, weil alles im Wandel ist. Am Ende wird die entstehende mitteldeutsche Seenplatte etwa 18 Seen mit einer Wasserfläche von 70 Quadratkilometern haben.

Und es geht weiter: Auf dem Störmthaler See, er wird noch geflutet, schwimmt eines Tages die Kirche Vineta, benannt nach jener sagenumwobenen Stadt, die es einst an der Ostsee gegeben haben soll. Ein schönes Symbol für so viel Untergang in dieser Region. Tausende Menschen mussten ihre Heimat verlassen, von den Orten existieren nur noch die Namen, die Glocke der Vineta-Kirche wird an die Verluste erinnern.

Als Leipzig von den Olympischen Spielen träumte, waren für das Neuseenland auch Wettkämpfe solcher Sportarten wie Rudern und Kanu vorgesehen. Ein Stück Olympiatraum konnte am Markkleeberger See verwirklicht werden – die modernste Wildwasseranlage Deutschlands ist hier entstanden. Wer hätte sich jemals vorstellen können, dass in solch einem Tagebaurestloch die Kanusportler für die Olympischen Spiele in Peking trainieren!

Aber auch die Freizeit-Wassersportler dürfen sich ins wilde Wasser stürzen. Wer *Fun* haben will, kann sich bei einer Raftingtour versuchen und hat vielleicht Spaß daran.

Auf dem Markkleeberger See verkehrt inzwischen die erste

Solarfähre Sachsens, die MS »Solaria«. Die Zukunft hat also längst begonnen. Im kaiserlichen Leipzig sang das Volk ein Scherzlied von der »Seestadt Leipzig«, die es nicht gab, und im DDR-Leipzig träumte man von einer sächsischen Seenplatte. Was im letzten Dezennium im Südraum Leipzigs alles angepackt wurde, hätte die DDR in hundert Jahren nicht realisieren können – lediglich aus *einem* der vielen Tagebaulöcher entstand 1987 der Kulkwitzer See.

Bald wird der Süden von einer enormen Seenlandschaft umgeben sein. Touristen können künftig vor den Toren Leipzigs Wassersport treiben und abends das vielfältige Kulturangebot in der Stadt nutzen.

Aber auch im innerstädtischen Gebiet wurden Träume wahr. Über die Pleiße scherzte der Volksmund noch vor zwanzig Jahren: »In dem Fluss kann man Filme entwickeln.« Von Chemieabwässern verseucht und mit weißen Schaumkronen verziert, stanken Leipzigs Flüsse und Kanäle zum Himmel. Heute stehen Angler an ihren Ufern, und die Fische kann man sogar essen!

Wenn man sich vor Augen führt, was sich in den letzten Jahren alles verändert hat, so kommt man nicht umhin, wie bei der friedlichen Revolution das Wort »Wunder« zu bemühen. Als nach 1989 erste Industrieanlagen im Leipziger Südraum geschlossen wurden, verbesserte sich die Qualität des Wassers schlagartig. Einige junge Leipziger riefen 1990 beherzt: »Pleiße ans Licht!« Die war nämlich in den fünfziger Jahren aus gutem Grund im Stadtgebiet verrohrt worden und unter der Erde verschwunden. Die Pleiße hätte dem Ansehen des Staates ja nur geschadet, der Gestank passte schlecht zur internationalen Handelsstadt von Format.

Mit Engagement verfochten die Architekten Angela Wandelt und Bernd Sikora, die Maler und Grafiker Heinz-Jürgen Böhme und Detlef Lieffertz ihre Idee, den Fluss wieder an die Sonne zu holen. 1996 wurde der Förderverein Neue Ufer gegründet und Stück für Stück mit der Freilegung des Flusses begonnen. So spiegeln sich inzwischen im Pleißemühlgraben die Silhouetten von Häusern, Wildenten nahmen mit Erstaunen zur Kenntnis, dass sie direkt im Leipziger Stadtgebiet wieder auf dem Fluss schwimmen können.

Letzter Höhepunkt war die Einweihung des Mendelssohnufers. Gegenüber dem ehemaligen Standort des Gewandhauses und dem von den Nazis zerstörten Denkmal des Komponisten wurde ein Stück des Flusslaufs freigelegt. Nur wenige Schritte von jener Hochschule entfernt, die den Namen des großen Musikers und Gewandhauskapellmeisters trägt. Die Böschung besteht aus fünf Stufen, die Notenlinien symbolisieren. Auf diesen Stufen stehen Kuben, die die ersten Takte des e-Moll-Violinkonzerts von Mendelssohn ergeben. Gespielt wurde zur Einweihung selbstverständlich Musik von ihm. Und Kurt Masur, der sich wohl wie kein anderer in den letzten Jahren um Mendelssohns Andenken verdient gemacht hat und der auch als Erster den neu von der Stadt gestifteten Mendelssohn-Preis erhielt, sagte, ihn erfülle es mit tiefer Freude, dass hier am Pleißemühlgraben etwas »mit neuem Geist und alter Philosophie entstanden ist«.

Aber durch Leipzig fließt nicht nur die Pleiße, nein, drei weitere Flüsse erster Ordnung muss ich noch nennen: Elster, Parthe, Luppe und – die Stadt verfügt sogar über einen Kanal!

Karl Heine, ein weitblickender Mann, der viel für die Region getan hat, engagierte sich für den Bau dieses Kanals, der später nach ihm benannt wurde. 1856 begannen erste Arbeiten dafür. Der Kanal zweigte von der Elster ab und sollte einmal bis zur Saale führen. So weit ist es zwar nicht gekommen, aber die technische Leistung ist enorm. Straßen- und Eisenbahnbrücken wurden erbaut, um ihn zu queren. 1862 weihte König Johann von Sachsen persönlich eine nach ihm benannte Brücke ein.

Zu DDR-Zeiten war der Kanal durch die Abwässer der angrenzenden Betriebe eine Kloake und verschlammte zusehens. 1991 begann die Sanierung, und fünf Jahre später wurde schon ein 3,2 Kilometer langer Fuß- und Fahrradweg zwischen Luisenbrücke und Erich-Zeigner-Allee freigegeben. Als ich dort mit dem Rad entlangfuhr, las ich zum ersten Mal in meinem Leben »König-Johann-Brücke«. Das heißt, es fehlte ein paar Buchstaben, immerhin waren seit der Einweihung gut 130 Jahre vergangen, aber ich konnte die Lücken problemlos füllen.

Reges Treiben entwickelte sich seither auf dem Kanal und drum herum! Vom Paddelboot bis zum Ausflugsboot mit Geburtstagsgesellschaft (einschließlich Kaffee und Kuchen) – alles ist dort zu bewundern. Gaststätten öffneten am Ufer, mit Terrassen am und überm Wasser. Besonders beliebt ist das »Stelzenhaus«. Das hat den Namen nach der Tat, wurde in den dreißiger Jahren als Fabrikhalle auf Stelzen über der Kanalböschung errichtet. Heute kann man vom Tisch das rege Leben auf dem Wasser beobachten und dabei gut essen.

Ich sagte während einer Radtour zu meiner Frau: »Jetzt fehlt hier nur noch eine venezianische Gondel.« Das muss jemand gehört haben. Wenige Monate später stakte ein Gondoliere die erste Original-Gondel aus der Lagunenstadt durchs Wasser und legte – wie es sich gehört – an einem italienischen Restaurant an.

Plagwitz, so heißt der Leipziger Stadtteil am Kanal, entwickelte sich in den letzten Jahren zu einem lichten, beliebten Wohn- und Freizeitort. Uferflächen wurden begrünt, Gebäude saniert. Die Wohnungen sind durch die Wassernähe inzwischen sehr gesucht. Idyllische Kanalhäuser entstanden. Hinzu kam die Umnutzung von denkmalgeschützten imposanten Industriebetrieben wie der ehemaligen Sächsischen Wollgarnfabrik, zu DDR-Zeiten VEB Buntgarnwerke. Die Hallen verwandelten sich in attraktive Lofts. Zwischen Könneritzbrücke und Limburger Straße verläuft der Kanal zwischen großen Gebäudekomplexen, einem der größten technischen Denkmale Deutschlands, und berührt in einem Seitenarm das »Riverboat« des MDR.

Wo sich so viele Wasserarme durch eine Stadt schlängeln, muss es natürlich auch reichlich Brücken geben. Ganz genau. Allerdings – ganz genau konnte mir das niemand sagen. Im Tiefbauamt erhielt ich die Auskunft, dass es außer den von dort verantworteten Brücken noch viele mit den unterschiedlichsten Besitzern gebe – von der Bahn bis zur Forstwirtschaft. Selbst private gibt es!

Über die Weiße Elster, Parthe, Pleiße und Luppe führen zahllose Naturstein- und Ziegelgewölbebrücken. Aber wie viele nun wirklich... Eins wird jedenfalls immer wieder von Fachleuten behauptet: Leipzig habe mehr Brücken als Venedig.

Übrigens: Seit langem träumte man in Leipzig von einem direkten Wasserweg zur Nordsee. Noch zwölf Kilometer fehlen unserem Kanal bis zur Saale. Trotzdem fand bereits die erste Wasserwanderung in der Geschichte von Leipzig nach Hamburg statt.

Und wie umschiffte man die Klippe mit dem fehlenden Stück? Die Boote wurden zu Lande bewegt, damit der Traum endlich wahr werden konnte! Und schon träumen wiederum Leute davon, den Kanal zu Ende zu bauen.

In wenigen Jahren wird man jedenfalls irgendwo in der Stadt ins Boot steigen können und an einem der anfangs beschriebenen Seen ankommen.

Oder eben an der Nordsee.

In Leipzig können Wunder wahr werden.

Abfahrt

Der Bahnhof ist schon wieder in Sichtweite. Die schönen Tage in Leipzig sind vorbei, und es heißt Abschied nehmen.

In einem Reiseführer habe ich gelesen, dass man nicht nach Venedig fahren soll, wenn man melancholisch ist. Die Atmosphäre der Stadt würde diesen Gemütszustand noch befördern. Wer mühselig und beladen ist, der mache sich lieber auf nach Leipzig. Ich glaube, er fährt dann heiterer weiter, als er hier angekommen ist.

Ich hatte am Anfang des Buches gewarnt, dass diese Gebrauchsanweisung sehr subjektiv geraten wird. Meine schlimmsten Befürchtungen sind eingetreten. Aber nun ist alles zu spät.

Da ich nicht zu den Sportskanonen zähle, habe ich zum Beispiel diese wichtige Seite Leipzigs völlig vernachlässigt. Dabei war die Messestadt 1863 der erste Ort in Deutschland, in dem ein nationales Turnfest stattfand. 20 000 Teilnehmer zeigten damals ihre trainierten Körper. Nichts vom Ruhm der Deutschen Hochschule für Körperkultur und Sport (DHfK) habe ich geschrieben, an der 20 000 Trainer, Sport- und Diplomlehrer ausgebildet wurden. Unter den Absolventen dieser Einrichtung befanden sich viele Olympiasieger, Europa- und Weltmeister. Auch ein paar Dopingmeister waren darunter.

Von den – obwohl vergangenen – Erfolgen des Leipziger Fußballs hätte ich berichten müssen. Schließlich wurde der Deutsche Fußballbund vor reichlich hundert Jahren in der Stadt gegründet, und der VfB Leipzig entschied 1903 die erste Deutsche Meisterschaft für sich. Zu hochkarätigen Länderspielen der DDR-Nationalmannschaft und vielen Europa-Pokalpartien des 1. FC Lok strömten in den siebziger und achtziger Jahren über 80 000 Fußballfans ins legendäre Zentralstadion. Die Rivalitäten zwischen Leutzscher und Probstheidaer Fans haben selbstverständlich auch eine lange Geschichte.

Zum Glück macht sich jeder Besucher selbst ein Bild von dem, was er in Leipzig gesehen und erlebt hat. Das vom Fernsehen und von Zeitschriften vermittelte taugt wenig, es pendelt zwischen »In aller Freundschaft«, »Fußball-Randale«, »Sächsischer Sumpf« und »Immobiliendeals«.

Obwohl – was den Sachsen-Sumpf anbetrifft – einige Brüder (seltener Schwestern) aus den alten Bundesländern hier schnell eine veritable Filzproduktion auf die Beine stellten.

Eins steht jedenfalls fest: Leipzig ist nach dem jahrzehntelangen Siechtum einer »sozialistischen« Stadt im Osten (unsere Vorstädte illustrieren das zum Teil noch, und die neu hinzugekommenen Ruinen der stillgelegten Betriebe tun ihr Übriges) wieder in Europa angekommen. Der Schriftsteller Günter Kunert sieht es ähnlich: »Ich glaube, Leipzigs Anziehungskraft wird wachsen, je mehr Besucher ihren wohltuenden Charakter in der Welt verkünden.«

Ein Ort mit Zukunft. Mark Daniel, Journalist der »Leipziger Volkszeitung« und aus den alten Ländern zugezogen, schrieb: »Aber wie ist nun dieses Klein-Paris? Alles zwischen Welt und Winzigkeit. Leipzig ist dauerhafter Widerspruch in sich. Und deswegen so spannend.«

Um ein letztes Mal auf Paris zurückzukommen... Es ist

relativ unbekannt, dass der wahre Retter der französischen Hauptstadt der Leipziger Oberleutnant Ernst von Bressensdorf war. Er hatte als Dechiffrierer seinem Vorgesetzten eine direkte Weisung Hitlers, die berühmten Bauwerke von Paris zu zerstören, vierzehn Stunden verschwiegen. Ein Segen, sowohl für alle nachfolgenden Generationen als auch für die Touristen aus der ganzen Welt.

Im Gegensatz zu Paris ist Leipzig für mich die gemütlichste Großstadt der Welt. Und der revolutionäre Geist seiner Bewohner strahlt inzwischen bis zum Mars, denn zwei Felsbrocken erhielten von der US-Raumfahrtbehörde NASA im Jahr 2005 den Namen Nikolaikirche und Montagsdemo. Zu verdanken ist das dem Chemie-Institut der Mainzer Universität, das für eine Marsmission ein Spektrometer entwickelt hatte. Die Amerikaner räumten den Wissenschaftlern das Recht ein, Namensvorschläge zu machen.

Wer hätte sich zu Ost-Zeiten eine Verbindung zwischen Leipzig, Mainz, den USA und dem roten Planeten vorstellen können! Aber damit nicht genug! Der Asteroid Nummer 10775 heißt Leipzig, und zwei weitere wurden nach Leipzigern benannt: nach dem Komponisten Richard Wagner und dem Universalgelehrten Gottfried Wilhelm Leibniz.

Seit 1989 erlebe ich in der Messestadt gravierende Veränderungen. Was sich für viele positiv darstellt, hat natürlich immer auch eine Kehrseite. Die Verbesserung unserer Umwelt, die Schließung jener »Dreckschleudern« im Umkreis der Messestadt, brachte vielen die Arbeitslosigkeit. Die Zahl der Beschäftigungslosen ist in der Region nach wie vor äußerst problematisch.

Auch die Menschen unseres Landstrichs haben sich verändert, die Solidarität des Herbstes 1989 ist Geschichte. In der Autobiografie von Anatol Gotfryd las ich: »Der Sozialismus macht die Menschen zu politischen, der Kapitalismus zu existenziellen Opportunisten.«

Aber: Aschenputtel wurde wach geküsst und strahlt vielfach

in hellem Kleid. Darauf hätte ich zehn Jahre vorher keine Wette abgeschlossen.

Ich selbst fühlte mich nie als DDR-Bürger, sondern immer nur als Leipziger und Sachse. Nun bin ich auf dem Weg zum Europäer, auf dem Weg in ein Europa, das für DDR-Bürger bloß ein Begriff aus dem Geografieunterricht war. Dass osteuropäische Länder der EU beitreten, dass die Regierenden von der Konfrontation zur Kooperation übergingen, dafür legten die Leipziger, ohne es zu ahnen, mit ihren Demonstrationen den Grundstein. Diese europäische Dimension unseres Denkens und Tuns ist so neu nicht. Schon in den zwanziger Jahren stellte ein kluger Mann fest: »Die besten Sachsen sind keine Sachsen, sondern Europäer. Sie haben die größte Phantasie von allen Stämmen Deutschlands.«

Was soll man dem hinzufügen? Wo der Mann recht hat, hat er recht.

Besser könnte ich es auch nicht sagen.

Dank

Bei meinen Recherchen für diese Gebrauchsanweisung halfen mir besonders das von PRO LEIPZIG e.V. herausgegebene »Stadtlexikon Leipzig von A–Z« von Horst Riedel sowie die Ausgaben der exzellenten »Leipziger Blätter«, die mit Hilfe der Kulturstiftung jeweils im Frühjahr und Herbst im Passage Verlag erscheinen.

Quellennachweis

Bormann, Edwin, *Die Geschichte der Gose und die Chronik der Geschichte der Leipziger Gosenschänke Leipzig-Eutritzsch*, Leipzig 1912.

Kästner, Erich, *Möblierte Melancholie*, in: Erich Kästner, *Zeitgenossen haufenweise*, © Atrium, Zürich, und Thomas Kästnes.

Kästner, Erich, *Märchenhauptstadt*, in: Erich Kästner, *Gemischte Gefühle*, © Atrium, Zürich, und Thomas Kästnes.

Roda Roda, *Meine Eindrücke von Leipzig*, in: *Das große Roda Roda-Buch*, © Zsolnay, Wien, 1988.

Roth, Joseph, *Betrachtungen aus Leipzig*, in: Joseph Roth, *Werke 3. Das journalistische Werk 1929–1939*, Kiepenheuer & Witsch, Köln.

Bereits erschienen:
Gebrauchsanweisung für...

Amerika
von Paul Watzlawick

Amsterdam
von Siggi Weidemann

Barcelona
von Merten Worthmann

Bayern
von Bruno Jonas

Berlin
von Jakob Hein

die Bretagne
von Jochen Schmidt

Brüssel und Flandern
von Siggi Weidemann

China
von Kai Strittmatter

Deutschland
von Maxim Gorski

Dresden
von Christine von Brühl

das Elsaß
von Rainer Stephan

England
von Heinz Ohff

Frankreich
von Johannes Willms

Gardasee
von Rainer Stephan

Genua und die Italienische Riviera
von Dorette Deutsch

Griechenland
von Martin Pristl

Hamburg
von Stefan Beuse

Indien
von Ilija Trojanow

Irland
von Ralf Sotscheck

Italien
von Henning Klüver

Japan
von Gerhard Dambmann

Kalifornien
von Heinrich Wefing

Katalonien
von Michael Ebmeyer

Köln
von Reinhold Neven Du Mont

Leipzig
von Bernd-Lutz Lange

London
von Ronald Reng

München
von Thomas Grasberger

Neapel und die
Amalfi-Küste
von Maria Carmen Morese

New York
von Verena Lueken

Niederbayern
von Teja Fiedler

Nizza und
die Côte d'Azur
von Jens Rosteck

Norwegen
von Ebba D. Drolshagen

Österreich
von Heinrich Steinfest

Paris
von Edmund White

Polen
von Radek Knapp

Portugal
von Eckhart Nickel

Rom
von Birgit Schönau

das Ruhrgebiet
von Peter Erik Hillenbach

Salzburg und
das Salzburger Land
von Adrian Seidelbast

Schottland
von Heinz Ohff

Schwaben
von Anton Hunger

Schweden
von Antje Rávic Strubel

die Schweiz
von Thomas Küng

Sizilien
von Constanze Neumann

Spanien
von Paul Ingendaay

Südfrankreich
von Birgit Vanderbeke

Südtirol
von Reinhold Messner

Tibet
von Uli Franz

Tschechien und Prag
von Jiří Gruša

die Türkei
von Iris Alanyali

Umbrien
von Patricia Clough

Venedig
von Dorette Deutsch

Wien
von Monika Czernin

Bernd-Lutz Lange
Ratloser Übergang
In meinem neuen Deutschland
235 Seiten. Broschur
ISBN 978-3-7466-2419-8

Der Spiegel-Bestseller

17 Jahre sind vergangen, seit Schabowski den legendären Zettel hervorzog und erklärte, dass die Bürger der DDR nun uneingeschränkt reisen dürften. Auf einmal geschah, woran niemand mehr glaubte – die Grenze war offen! Menschen aus Ost und West lagen sich in den Armen. Doch über Nacht wurde alles anders: Neue Arbeit oder gar keine, und fast das ganze ostdeutsche Volk zog um. Die im Osten Gebliebenen hatten gegenüber denen, die »abgehauen« waren, einen großen Vorteil: Sie erlebten den Kapitalismus wenigstens in der Heimat. – 17 Jahre sind vergangen, in denen fast nichts nahtlos, aber vieles ratlos verlief. Als wacher und heiterer Chronist verfolgt der erfolgreiche Kabarettist und Bestsellerautor den Übergang vom geteilten zum vereinigten Land.

»Lange begeistert als Beobachter der Zeitgeschichte.«
Dresdner Neueste Nachrichten

Mehr von Bernd-Lutz Lange (Auswahl):
Ratloser Übergang. Als Autorenlesung. DAV 978-3-89813-643-3
Magermilch und lange Strümpfe. AtV 1524
Als Autorenlesung. DAV 978-3-89813-142-1
Mauer, Jeans und Prager Frühling. AtV 2268
Als Autorenlesung. DAV 978-3-89813-276-3
Dämmershoppen. AtV 1386

Mehr Informationen erhalten Sie unter
www.aufbauverlagsgruppe.de oder in Ihrer Buchhandlung

PIPER

Jakob Hein
Gebrauchsanweisung für Berlin

160 Seiten. Gebunden

Ich bin kein Berliner, sagt Jakob Hein. Aber nach 30 Jahren kennt er sich ganz gut aus in Berlin, im schicken Regierungsviertel ebenso wie in den literarischen Klubs und den Kneipen des Szeneviertels Prenzlauer Berg. Er kann uns erklären, warum der Berliner alles machen »tut« und in seinem geliebten Schrebergarten die Ruhe sucht. Als Ostberliner schreibt er über die Mauer, über das Mit- und Gegeneinander von West und Ost, als Schriftsteller schaut er dem Berliner aufs Maul, schreibt über Kunst und Currywurst und das Leben in einer Stadt, die es einmal zweimal gab, in der der Gegensatz Programm und nur eines ganz gewiss ist: Niemand kennt sich wirklich aus, nur der Berliner selbst. Aber wer weiß schon, was ein richtiger Berliner ist?

01/1710/01/L

PIPER

Christine von Brühl
Gebrauchsanweisung für Dresden

176 Seiten. Gebunden

Dresden ist gleich nach München und Berlin die Stadt, in der die meisten Deutschen gerne leben würden. Was macht das Barockjuwel mit seinen geputzten Sandsteinhäusern so attraktiv? Christine von Brühl, direkte Nachfahrin des Ministers unter August dem Starken und Erbauers der Brühlschen Terrasse, spürt Dresdens Highlights nach: den Alten Meistern in den Museen und den besten Kneipen in der Äußeren Neustadt, wo Erich Kästner aufwuchs, der Rezeptur des einzig wahren Stollens sowie den vielfältigen Geheimnissen des Sächsischen zwischen Dialekt, Tonart und Gesang. Sie verrät, was es mit der »Zitronenpresse« auf sich hat und warum »Pfunds Molkerei« zurecht zum schönsten Milchladen der Welt gekürt wurde. Und sie lädt uns in das Umland ein: nach Meißen mit seinem Weißen Gold, auf die Kletterrouten im Elbsandsteingebirge, nach Pillnitz, Moritzburg und Radebeul, wo die echten Indianer zu Hause sind.

01/1497/01/R